BIBLIOTHÈQUE SCIENTIFIQUE CONTEMPORAINE

LA THÉRAPEUTIQUE

SUGGESTIVE

PRINCIPAUX TRAVAUX DU MÊME AUTEUR

Magnétisme et hypnotisme. Exposé des phénomènes observés pendant le sommeil nerveux provoqué, au point de vue clinique, psychologique et médico-légal, avec un résumé historique du magnétisme animal, 3ª édition revue et corrigée. Paris, 1892. 1 vol. in-16, de 320 pages, avec 36 figures (*Bibliothèque scientifique contemporaine*)... 3 fr. 50

Nervosisme et névroses. 1 vol. in-16, 352 pages. 1887 (*Bibliothèque scientifique contemporaine*)............................ 3 fr. 50

Les frontières de la folie. 1888. 1 volume in-16, 350 pages. (*Bibliothèque scientifique contemporaine*)............................ 3 fr. 50

Traité pratique des maladies mentales. Paris, 1890. 1 vol. in-18 jésus de 650 pages... 6 fr.

Articles divers dans les *Annales médico-psychologiques*, les *Archives de Néurologie*, le *Marseille médical*, etc.

ANGERS, IMP. BURDIN ET Cⁱᵉ, 4, RUE GARNIER.

LA THÉRAPEUTIQUE
SUGGESTIVE

ET SES APPLICATIONS

Aux maladies nerveuses et mentales, à la Chirurgie,
à l'Obstétrique et a la Pédagogie

PAR

Le Dr A. CULLERRE

Membre correspondant de la Société médico-psychologique, Directeur-Médecin
de l'Asile d'Aliénés de La Roche-sur-Yon.

PARIS

LIBRAIRIE J.-B. BAILLIÈRE et FILS

19, RUE HAUTEFEUILLE, PRÈS DU BOULEVARD SAINT-GERMAIN

1893

PRÉFACE

Le mouvement irrésistible qui pousse la médecine vers des horizons nouveaux engendre,
par contre-coup, une véritable renaissance thérapeutique.

La découverte des microbes, causes de la plupart des maladies, a suscité les méthodes antiseptiques et inauguré le règne de l'hygiène, dont
les progrès nous émerveillent.

L'invention des vaccins a fait naître les plus
grandes espérances et elle vient de nous donner
un exemple des suites dont elle est susceptible
dans la neutralisation du virus rabique au sein
de l'économie, réalisée par l'illustre Pasteur.

La puissance tonique de certains liquides animaux révélée par Brown-Séquard, après avoir
servi à égayer la verve de gens d'esprit névrosés,
se venge de leurs sarcasmes en leur rendant les

forces et la santé, si bien que, dans leur enthousiasme, ils proclament le retour des temps fabu-
leux et célèbrent la découverte d'une nouvelle
fontaine de Jouvence.

La vertu curative de la *suggestion hypno-*
tique que de nombreux savants, depuis peu
d'années, ont mise en pleine lumière, est un des
aspects, et non des moins dignes d'intérêt, de
cette évolution dans l'art de guérir. De bons
esprits n'hésitent pas à la mettre sur le même
rang que les méthodes nouvelles dont nous venons de parler et à lui prédire le plus brillant
avenir.

Ont-ils raison? ont-ils tort? C'est ce dont le
lecteur jugera quand il aura parcouru le livre
que nous lui présentons aujourd'hui et où nous
avons essayé d'exposer, d'une façon impartiale,
l'état de la thérapeutique suggestive.

Si nous y avons fait l'éloge de la suggestion,
nous ne nous sommes pas privé, quand cela a
été nécessaire, d'y faire son procès. Nous avons
formulé le plus nettement possible ses indications positives et enregistré la liste considérable

de ses succès, mais nous avons aussi indiqué du doigt les cas où elle est inutile et ceux où elle pourrait être dangereuse.

On a beaucoup déraisonné, depuis dix ans, sur l'hypnotisme et la suggestion. La science, qui commence à peine à y voir clair, voudrait bien ne marcher que d'un pas mesuré dans ce domaine obscur et hérissé de chausse-trapes. Mais le public instruit, que séduit précisément le côté occulte de ces questions, s'impatiente de cette lenteur, et s'emballe au risque de nous ramener aux temps héroïques du magnétisme animal.

Suggestion ! A ce mot magique, les imaginations enflammées se donnent libre carrière. Ce n'est plus seulement une force admirable que manient dans un but scientifique les médecins, les physiologistes et les psychologues ; c'est l'agent mystérieux de tous les effets dont la cause échappe ; c'est l'artisan des grands crimes, le levier mystérieux des bouleversements politiques, la panacée des maux désespérés.

Eh bien ! non. Le rôle de la suggestion est assez

beau, son domaine est assez vaste pour qu'on lui épargne les frais de ces exagérations puériles. Elle ne mérite ni cet excès d'honneur, ni cette indignité. Les gens qu'elle a, suppose-t-on, poussés au crime, y étaient sans nul doute assez disposés d'avance. Les rois, dont elle aurait fait tomber la couronne, n'y tenaient vraisemblablement guère. Elle dit bien, comme Jésus, à l'aveugle : voyez, et au paralytique : levez-vous et marchez; mais elle ne prétend pas pour cela faire des miracles, et elle a soin de trier dans le tas les paralytiques et les aveugles auxquels elle s'adresse, sachant bien qu'elle ne peut les guérir tous.

C'est ce que ne comprennent pas toujours, peut-être, les personnes qui se lancent dans l'étude des sciences hypnotiques, et qui, à défaut de connaissances physiologiques suffisantes, y apportent le zèle et la foi du néophyte. La foi, indispensable à celui qui reçoit la suggestion, peut être fatale à celui qui la donne. S'il n'a l'entière liberté d'esprit que procure seul le doute scientifique, l'hypnotiseur ne pourra apprécier à leur juste valeur les résultats réels qu'a déjà donnés la suggestion dans le traitement des affections nerveuses et se laissera prendre aux boniments de quelques enthousiastes incompétents qui proclament qu'entre leurs mains, la suggestion est irrésistible et se comparent sans hésiter aux plus célèbres thaumaturges, pour avoir dissipé quelques maux de tête ou quelques spasmes hystériques.

27 août 1892.

A. CULLERRE.

LA THÉRAPEUTIQUE
SUGGESTIVE

CHAPITRE PREMIER

La suggestion hypnotique dans ses rapports avec la thérapeutique

COUP D'ŒIL HISTORIQUE

La *thérapeutique suggestive* est l'application mé-
thodique de la suggestion à la cure des maladies.

Si la méthode est nouvelle, les moyens qu'elle
met en œuvre et les effets qu'elle se propose d'obtenir ne le sont pas. Depuis qu'il y a des hommes
qui réfléchissent et qui observent, on connaît l'influence du moral sur le physique, c'est-à-dire, selon
l'expression de Cabanis, l'influence du cerveau,

comme organe de la pensée et de la volonté, sur les autres organes dont, par l'intermédiaire des conducteurs nerveux, il peut exciter, suspendre ou même dénaturer toutes les fonctions (1).

Les subtilités de certains philosophes se sont évertuées en vain à obscurcir cette notion élémentaire, empiriquement connue dès les temps les plus reculés et établie aujourd'hui sur les bases inébranlables de la physiologie du système nerveux. Il n'est pas un organe, pas un rouage, tant petit soit-il, de la machine humaine, qui ne soit relié à un centre cérébral particulier chargé d'en commander et d'en régulariser le fonctionnement. Qui ne sait que les émotions, les perturbations morales, les passions agissent sur la circulation, les sécrétions, les échanges nutritifs, le système locomoteur, pour en accélérer le rythme, le retarder, le troubler ou même le suspendre? Je ne veux pas entrer dans une démonstration qui dépasserait les limites de ce livre; il suffit au lecteur, que je suppose familier avec toutes les questions d'hypnotisme, de se rappeler seulement les effets merveilleux obtenus par

(1) Cabanis, *Rapports du physique et du moral de l'homme*, 8e édition. Paris, 1844.

simple suggestion verbale chez certains sujets en
état d'hypnose, stigmates, vésications, flux provoqués ou suspendus, hémorrhagies arrêtées, sécrétions réveillées, pour admettre cette prémisse
sur laquelle repose toute la théorie de la thérapeutique suggestive : l'influence du moral sur le
physique, en d'autres termes, l'action de l'*idée* sur
les fonctions organiques (1).

La médecine primitive des sociétés semi-bar-
bares ou demi-civilisées, concentrée aux mains
des prêtres, des thaumaturges, des sorciers, n'était
et n'est encore que de la thérapeutique suggestive.
Les amulettes, les talismans, les incantations, les
conjurations, l'imposition des mains, le jeûne, les
purifications, les sacrifices, la prière, les épreuves
auxquelles étaient soumis, dans les temples, les
malades qui y venaient chercher la santé, avaient
pour effet de gagner la confiance de ces derniers,
d'exalter leur foi et de leur inculquer fortement
l'idée de la guérison.

L'espoir en l'intervention divine, la foi dans l'efficacité des reliques sacrées et des eaux miracu-

(1) A. Cullerre, *Magnétisme et hypnotisme*, 3ᵉ édition.
Paris, 1892.

leuses, produit encore de nos jours des guérisons inespérées.

Dans notre médecine moderne, les pilules de mie de pain, l'eau pure additionnée de substances inertes, une foule de médications anodines journellement employées, ont parfois une action curative réelle et n'agissent pourtant que par suggestion indirecte, en faisant naître dans l'esprit du malade et en y imprimant l'idée d'un retour possible à l'état normal.

Mais cette thérapeutique morale telle qu'on la pratiquait aux siècles passés ne reposait que sur une tradition obscure et méconnue de ceux mêmes qui s'y conformaient. Le hasard seul présidait aux succès qui n'ont jamais été qu'un accident heureux, mais imprévu et exceptionnel. En échafaudant un semblant de doctrine, le *magnétisme animal* fit un premier pas dans la voie de la science et du progrès.

Le magnétisme animal n'avait pas seulement pour objet la production de phénomènes extraordinaires dans l'organisme, mais encore et surtout la guérison des maladies. Mesmer, qui était médecin, n'avait emprunté sa doctrine aux médecins des siècles précédents que dans la seule pensée d'y trouver aux

souffrances humaines, une panacée non moins uni-
verselle que le fameux fluide qui en était l'agent
supposé. L'hypothèse fluidique n'ayant aucune
base scientifique, les guérisons obtenues par Mesmer
et les adeptes de sa doctrine rentrent de plein droit
dans la thérapeutique suggestive.

Braid, qui a dissipé le voile mystérieux qui enve-
loppait le magnétisme animal, qui a découvert
l'hypnotisme et qui, le premier, a montré la puissance de la suggestion, n'en a pas compris le véritable rôle dans les cures qu'il obtenait dans l'hypnose et les attribuait au sommeil provoqué lui-
même, en même temps qu'à des manipulations particulières qu'il employait dans le but d'obtenir des
modifications dans la circulation et l'innervation
des parties malades (1).

Il y eut, après la découverte de Braid, un grand
enthousiasme pour la thérapeutique morale. « Il
n'est pas déraisonnable d'espérer, dit Durand de
Gros, que la découverte de Braid apporte à la médecine un secours non moins précieux qu'inattendu
contre la formidable légion des maladies ner-

(1) J. Braid, *Neurypnologie. Traité du sommeil nerveux ou
hypnotisme*, traduction J. Simon. Paris, 1883.

veuses dont les coups invisibles ont fait jusqu'à ce jour le désespoir de la pathologie et de la thérapeutique. L'analogie nous autorise en outre à penser qu'il n'est aucune catégorie d'infirmités absolument exclue des bienfaits de ce nouvel agent curatif, et déjà, sur ce point, l'expérience est venue confirmer les brillantes promesses de la théorie » (1).

Mais le braidisme thérapeutique péchait par la base; il ne fit pas et ne pouvait faire école. Après avoir intéressé un court moment la curiosité d'un tout petit nombre d'initiés et provoqué quelques cures retentissantes, il tomba dans un injuste oubli.

Le premier, M. Liébeault, eut l'idée d'employer méthodiquement la suggestion verbale pour obtenir le sommeil et pour opérer la cure des maladies.

En 1866, il donnait sur le sommeil provoqué, un livre d'une originalité réelle, mais d'une forme un peu abstraite et d'une tournure plutôt psychologique que médicale. Il y étudiait l'analogie du sommeil ordinaire et l'action de la pensée sur les fonctions de l'économie animale. Il s'y appesan-

---

(1) J.-P. Philips, *Cours théorique et pratique du braidisme*, Paris, 1860.

tissait longuement sur la suggestion verbale, qui peut calmer ou exciter favorablement, en raison directe de la profondeur de l'état de sommeil, ces mêmes fonctions organiques auxquelles la pensée préside à notre insu et faisait ressortir toute la puissance curative de cet agent nouveau (1).

Liébeault consacra sa vie médicale à l'application de sa théorie et pendant de longues années se voua au traitement des maladies par la suggestion hypnotique. En 1882, M. Dumont, chef des travaux physiques de la Faculté de Nancy, ayant suivi sa clinique, put constater la réalité des phénomènes de l'hypnose, fit lui-même des expériences et obtint quelques guérisons de symptômes hystériques chez des malades atteintes de cette névrose.

Ce fut à cette époque, et sous l'influence des expériences de M. Dumont, que M. Bernheim commença lui-même à expérimenter et à obtenir des résultats thérapeutiques certains. Il établit que la suggestion, c'est-à-dire « la pénétration de l'idée du phénomène dans le cerveau du sujet par la parole, le geste, la vue, l'imitation », était la clef de tous les

(1) A. Liébeault, *Le sommeil provoqué et les états analogues*, 2e édition. Paris, 1889.

CULLERRE. Thérapeut. suggestive. 2

phénomènes hypnotiques. Il montra qu'à l'état normal, il se passe dans l'individu une foule de phénomènes analogues à ceux que détermine la suggestion hypnotique. Que d'actions ont lieu en nous à l'insu de la volonté et de la conscience ! Que d'idées nous sont inculquées malgré nous et même à notre insu, en vertu de notre tendance naturelle à la crédivité et à l'imitation ! Les faits hypnotiques sont de même ordre, car la nature ne déroge pas ; ils sont seulement plus accentués, par suite de la parésie de l'activité physique volontaire. La suggestion, en effet, agit par inhibition et dynamogénie, conformément à la théorie de Brown-Séquard, et son mécanisme peut se résumer dans la formule suivante : accroissement de l'excitabilité réflexe idéo-motrice, idéo-sensitive, idéo-sensorielle.

Dans son livre *De la suggestion et de ses applications à la thérapeutique* (1), après avoir fait une large esquisse de la médecine d'imagination à travers les siècles, rappelé les succès de Braid et Liébeault par les manœuvres hypnotiques, il four-

---

(1) Bernheim, *De la suggestion et de ses applications à la thérapeutique*. Paris, 1886.

nissait soixante et onze observations originales des maladies les plus diverses guéries ou améliorées par la suggestion. « J'ai, disait-il, en terminant, le droit d'affirmer, m'appuyant sur de nombreux faits, que la thérapeutique suggestive existe. »

L'assertion de M. Bernheim n'est plus à prouver, ainsi qu'on en pourra juger quand nous rendrons compte de nombreux travaux suscités par la thérapeutique suggestive, érigée en méthode par le savant professeur de la Faculté de Nancy.

II

SUGGESTION ET HYPNOTISME

« La suggestion, dit M. Bernheim, est l'acte par lequel une idée est introduite dans le cerveau et acceptée par lui. »

Cette dernière condition est indispensable; si le cerveau, en effet, n'accepte pas, ne s'assimile pas l'idée qu'on lui inculque et ne cherche pas à la réaliser, il ne saurait y avoir suggestion.

Le sujet suggestionné abdique sa personnalité et devient un être passif soumis à une volonté étrangère qui dirige ses pensées, modifie sa sensibilité et l'invite à agir comme pourrait le faire sa propre volonté elle-même. Pour se produire, la suggestion réclame donc un certain nombre de conditions, dont la première est ce que l'on appelle tour à tour la confiance, la foi, la crédivité, c'est-à-dire un certain état d'esprit dans lequel le sujet est disposé à croire aveuglément à la parole d'une personne étrangère.

La disposition à croire est inhérente à l'esprit humain. Nous sommes tous obligés de croire à notre propre existence, au monde extérieur, à tout ce que nous révèlent nos sens; d'instinct, nous sommes disposés de prime abord à accepter toute affirmation produite devant nous, et nous ne la repoussons, après réflexion, que si elle choque notre raison.

Ainsi que le fait remarquer finement M. Luys(1), les trois quarts de notre existence se passent à mettre en pratique des suggestions inconscientes. Ce sont de véritables suggestions que nous acceptons de l'orateur dont nous écoutons avec sympathie l'éloquence, de l'ami dont nous acceptons le

(1) Luys, *Leçons cliniques sur les principaux phénomènes de l'hypnotisme.* Paris, 1890.

conseil. La puissance du journalisme, de la publicité, de la réclame n'est qu'un aspect de la suggestion. Le leader politique, le critique influent, l'oracle des salons, les promoteurs de la mode constituent autant d'agents suggestifs dont chacun, selon sa sphère et son milieu, subit le plus souvent l'influence d'une façon irraisonnée et souvent inconsciente.

Ainsi, croire est une tendance automatique de notre cerveau; plus notre automatisme psychique séra développé et plus nous serons aptes à être suggestionnés. L'affaiblissement du pouvoir de contrôle de l'intelligence et le développement simultané de l'automatisme cérébral, telle est donc la seconde condition qui favorise le développement de la suggestibilité.

A l'état normal, peu de personnes sont douées d'assez de crédivité pour accepter et réaliser sans résistance une suggestion donnée, à moins que cette suggestion ne vienne d'eux-mêmes ou ne pénètre dans leur cerveau par voie indirecte. Par exemple, les gens qui guérissaient autour du baquet de Mesmer étaient persuadés qu'une vertu curative était inévitablement attachée à ce ridicule ustensile. Le

muet qui recouvra la parole après avoir bu à la
fontaine d'Esculape à Pergame était convaincu des
propriétés merveilleuses attribuées à cette eau par
la renommée. De même les guérisons miraculeuses
de tous les temps ont pour origine la foi aveugle
des fidèles en la puissance surnaturelle des dieux,
des saints et des reliques. Les épidémies de guérisons, si je puis m'exprimer ainsi, répandues sur
leur passage par les thaumaturges célèbres, tels
que Gassner, Greatrakes, Cagliostro, n'avaient pas
d'autre origine. L'idée de guérison, née de la
croyance en un pouvoir irrésistible, s'implante
dans l'imagination du patient, annihile son jugement, sa raison, ses facultés de contrôle ; elle tend
irrésistiblement à se réaliser, et s'il n'y a pas d'obstacle provenant d'une lésion organique irréparable,
elle se réalise. C'est tantôt de l'auto-suggestion,
tantôt de la suggestion indirecte. Il y a encore suggestion indirecte dans les effets curatifs obtenus
par des substances inertes ou bizarres administrées
thérapeutiquement, telles que la mie de pain, le
protoxyde d'hydrogène, l'album græcum, la graisse
d'homme, les têtes de vipère et la poudre de
crâne humain. J'ai lu quelque part qu'au temps

jadis, les médecins faisaient confectionner leurs
potions avec de l'eau bénite comme véhicule : étant
donné la foi robuste de nos pères, la précaution
n'était pas mauvaise. Je ne puis passer en revue
tous les cas où la suggestion indirecte joue un rôle
prépondérant ; ils sont innombrables.

Quoi qu'il en soit, l'auto-suggestion, la suggestion indirecte, en tant qu'elles sont suivies
d'effet, sont encore des exceptions ; et elles sont
quelque peu différentes de la *suggestion verbale*.
Il faut donc, pour faire accepter cette dernière,
un état particulier du cerveau dans lequel l'activité
spontanée de l'organe disparaisse pour n'obéir
qu'aux incitations venues du dehors. Cet état est
créé par l'*hypnotisme*.

Qu'est-ce donc que l'hypnotisme ? Ici commence
la difficulté. Nous nous trouvons en présence de
deux doctrines opposées et inconciliables ; l'une
soutenue par l'École de la Salpêtrière, qui veut
que l'hypnotisme soit un trouble du fonctionnement
régulier de l'organisme, une névrose artificiellement provoquée, d'autant plus proche parente de
l'hystérie que ce sont les hystériques les plus hystériques qui offrent la plus grande disposition à

éprouver les phénomènes hypnotiques les plus accentués ; l'autre, défendue par l'École de Nancy, qui ne veut voir dans l'hypnotisme que l'exaltation d'une disposition physiologique commune à tous : la *suggestibilité*.

« Il est rationnel d'admettre, dit M. Richer, que les phénomènes d'hypnotisme, qui dépendent toujours d'un trouble du fonctionnement régulier de l'organisme, demandent pour leur développement une prédisposition spéciale que, d'un accord unanime, les auteurs placent dans la diathèse hystérique. En s'adressant aux hystériques, on devra donc obtenir les phénomènes d'hypnotisme les plus marqués. Et de même que l'hystérie se rencontre à un degré moindre chez un grand nombre de femmes et chez quelques hommes, de même l'hypnotisme pourra se retrouver chez les sujets dont il est question, mais imparfait et plus ou moins atténué. » (1)

« Non ! réplique M. Bernheim, le sommeil hypnotique n'est pas un sommeil pathologique ! Non ! l'état hypnotique n'est pas une névrose analogue à

(1) P. Richer, *Études cliniques sur la grande hystérie ou hystéro-épilepsie.* Paris, 1885.

l'hystérie ! Sans doute, on peut créer chez les hypnotisés les manifestations de l'hystérie, on peut
développer chez eux une vraie névrose hypnotique
qui se répétera à chaque sommeil provoqué. Mais
ces manifestations ne sont pas dues à l'hypnose,
elles sont dues à la suggestion de l'opérateur ou
quelquefois à l'auto-suggestion d'un sujet particulièrement impressionnable, dont l'imagination,
frappée par l'idée du magnétisme, crée ces désordres fonctionnels, qu'une suggestion calmante
pourra toujours réprimer. Les prétendus phénomènes physiques de l'hypnose ne sont que des
phénomènes psychiques ; la catalepsie, le transfert, la contracture, etc., sont des effets de suggestion » (1).

Placés sur des terrains aussi différents, il est évident que les partisans des deux écoles ne sont pas
près de s'entendre. Il importe cependant, à ceux
qui n'ont aucun parti-pris dans la question, et qui
veulent étudier les phénomènes hypnotiques, de
se faire une opinion arrêtée sous peine de se mouvoir en aveugles dans le dédale des expériences et
des théories.

(1) Bernheim, *Revue de l'hypnotisme*, janvier 1888.

La chose ne nous paraît pas impossible. On peut dire à l'École de la Salpétrière : Vous avez exclusivement choisi pour sujets d'étude les malades atteintes de grande hystérie. Sur ce terrain spécial, vous avez constaté pendant l'hypnose des phénomènes qu'il est impossible de produire chez des sujets ou légèrement atteints ou tout à fait indemnes d'hystérie. Ces phénomènes, bien qu'artificiellement provoqués par vous, peuvent se produire spontanément dans certains cas, par le fait seul de la névrose, par conséquent vous êtes en droit de considérer l'hypnotisme comme une sorte de névrose surajoutée à la première. Jusque-là vous êtes donc dans le vrai, mais vous avez tort quand vous prétendez qu'en dehors de vos observations, il n'y a place pour aucun état hypnotique digne d'être étudié au point de vue scientifique.

A l'École de Nancy nous dirons à son tour : Vous niez absolument qu'il y ait une relation quelconque entre l'hystérie et les états hypnotiques, et vous avez tort. Il faudrait être totalement étranger à l'hystérie pour ne pas avoir constaté que chez certaines de ces malades, l'état de somnambulisme, par exemple, artificiellement provoqué, ne fait que reproduire l'attaque de somnambulisme à laquelle ces malades sont spontanément sujettes. Mais il n'en résulte pas que l'hypnotisme appartienne à l'hystérie. Vous êtes dans le vrai en prétendant qu'un grand nombre d'individus étrangers à cette névrose peuvent être hypnotisés ; pourtant vous ne pouvez nier que pour entrer en sommeil profond, il faille une prédisposition spéciale, puisque vous ne l'obtenez, en somme, que chez une proportion assez faible d'individus.

Les deux écoles pourraient donc se mettre d'accord si elles consentaient à se rencontrer sur un terrain commun, celui de l'hypnose en général. Il leur suffirait pour cela de prendre pour point de départ cet axiome de physiologie : il n'y a pas de limites tranchées entre l'état normal et l'état morbide ; il n'y a que des degrés insensibles de l'un à l'autre. Alors, l'École de la Salpêtrière ne refuserait pas systématiquement d'admettre l'hypnotisme en dehors de l'hystérie ; et, de son côté, l'École de Nancy ne persisterait pas à ignorer l'extrême fréquence de l'hystérie, qui sommeille sans nul doute chez nombre de ses sujets qu'elle considère comme absolument sains.

Cela dit, nous croyons qu'il est possible de négliger les questions d'école et d'en revenir à la définition de Braid : « L'hypnotisme est l'état particulier du système nerveux déterminé par des manœuvres artificielles » ; cet état subissant diverses variations, ainsi que le dit M. Richer; suivant le tempérament et les dispositions nerveuses spéciales des sujets auxquels on s'adresse.

Ce n'est pas un état unique ; il comprend de nombreux états gradués allant du simple engourdissement au somnambulisme profond. Ces états divers sont précisément caractérisés par ce fait qu'ils favorisent l'action de la suggestion et que, règle générale, la suggestibilité est d'autant plus grande que le degré d'hypnose est plus avancé.

D'après M. Bernheim, c'est l'idée qui fait l'hypnose; il n'y a pas en réalité de sommeil chez la plupart des hypnotisés, il n'y a que l'idée du sommeil et tous les phénomènes de l'hypnose existent sans sommeil. Nous le voulons bien ; il ne s'agit que de s'entendre ; ne parlons donc plus de sommeil et appelons l'état nerveux qui constitue l'hypnose *état de suggestibilité* et nous resterons sur un terrain où toutes les opinions peuvent se rencontrer.

Nous n'entrerons pas dans la description détail-
lée des états hypnotiques, nous l'avons fait ailleurs (1). Nous rappellerons seulement que l'École
de la Salpêtrière admet trois états basés sur les
phénomènes somatiques concomitants : 1° la catalepsie ; 2° la léthargie ; 3° le somnambulisme. Dans
ce dernier état, la suggestibilité est à son maximum. Elle existe à des degrés divers dans la catalepsie, la léthargie et les états mixtes qui forment
l'immense majorité des états hypnotiques.

M. Bernheim, qui personnifie principalement
l'École de Nancy, range les formes d'hypnose en
deux classes comprenant neuf degrés : ce qui ca-
ractérise les états hypnotiques de la première
classe, c'est le souvenir conservé au réveil, tandis
que l'amnésie est la caractéristique de la deuxième
classe. Au premier degré on observe de la tor-
peur, de la somnolence ; au deuxième, il y a impossibilité d'ouvrir les yeux spontanément ; au
troisième, catalepsie suggestive avec possibilité de
la rompre ; au quatrième, catalepsie irrésistible ;
au cinquième, contracture et analgésie suggestives ;
au sixième, obéissance automatique ; au septième,

(1) A. Cullerre, *loc. cit.*

amnésie au réveil, absence d'hallucinabilité; au huitième, hallucinabilité pendant le sommeil; au neuvième, hallucinabilité pendant le sommeil et post-hypnotique. Chacun de ces degrés comporte nécessairement, outre sa caractéristique propre, les symptômes des degrés précédents.

Cette classification, M. Bernheim est le premier à la faire remarquer, est arbitraire (1) : « ce serait une erreur de croire que chaque sujet rentre forcément dans une de ces classes. L'état psychique qui commande pour chacun tous ces phénomènes est infiniment variable; tout est individuel. Les phénomènes psychologiques ne se prêtent pas, comme ceux de la physique ou de la chimie, à des systématisations rigoureuses. Tel sujet, par exemple, est hallucinable, cependant il n'a pas l'amnésie au réveil. Tel autre est amnésique au réveil et cependant il n'est pas hallucinable. Il en est qui ne sont pas cataleptisables et qui cependant sont hallucinables et amnésiques; Pour bien expliquer ma pensée, je ne puis que répéter ce que j'ai dit : il n'y a pas d'état hypnotique spécial; il n'y a que des suggestibilités

(1) Bernheim, *Hypnotisme, suggestion, psychothérapie*. Paris, 1891.

diverses que nous provoquons, que nous démon-
trons : suggestibilités intéressant les diverses fonctions motrices, sensitives, sensorielles, idéales, pas-
sionnelles, accomplissement d'actes; chaque sujet
présente à l'égard de chacune de ces fonctions une
impressionnabilité spéciale. »

Quelle que soit l'opinion que l'on se fasse du
sommeil provoqué, on ne peut que souscrire à ces
paroles qui sont le résultat de l'observation clinique.

L'École de Nancy, comme l'École de la Salpêtrière,
admet que c'est dans le somnambulisme que la suggestion acquiert son maximum d'efficacité. Chez
certains sujets, tant que cet état n'est pas obtenu,
l'effet de la suggestion est incertain et incomplet.
La guérison est au contraire instantanée, quand, à
force de persévérance, on est arrivé à conduire le
malade jusqu'au degré somnambulique (1).

Un état hynoptique caractérisé n'est cependant
pas toujours nécessaire pour que la suggestibilité
se manifeste. Il y a certaines personnes éminemment suggestibles, même à l'état de veille.

(1) Bernheim, *De la suggestion et de ses applications à la
thérapeutique*. Paris, 1886.

« Il existe, dit Braid, une classe de patients qui
se laissent facilement prendre par les suggestions,
sans avoir, comme je vais le montrer, la moindre
intention de tromper personne, sans même se douter,
en aucune façon, qu'ils sont eux-mêmes trompés.
J'ai, comme preuve de tout ce que j'avance à ce sujet,
les déclarations unanimes de nombreux patients,
dont la sincérité est pour moi hors de conteste, et
qui sont parfaitement en état de rendre compte de
leurs sensations; il n'existe, pour moi, aucun doute
au sujet de tous ces faits.

« On peut donc, en agissant fortement et par suggestion sur l'esprit des patients à l'état de veille,
modifier l'activité physique des organes ou de la
partie qui sert à la transmission des fonctions organiques, et leur faire croire qu'ils voient des formes
et des couleurs diverses, qu'ils ont des impressions
mentales variables, que des forces irrésistibles les
attirent, les repoussent, les paralysent.

« Il y a plus : j'ai montré que la même influence peut
s'exercer par rapport au son, à l'odorat, au goût,
à la chaleur ou au froid; alors l'insinuation mentale
et la concentration de l'esprit suffisent chez quelques
individus pour évoquer des images non vagues,

mais absolument précises, pour faire percevoir des odeurs distinctes, pour permettre au sens du goût de distinguer les substances ainsi qu'à celui du tact, la chaleur ou le froid, comme si les sensations répondaient ici à des faits positifs. Ainsi que je l'ai montré, c'est le cas de certaines personnes, à imagination impressionnable et colorée à l'état de veille (1). »

Beaucoup d'hystériques sont suggestibles à l'état de veille. « Combien d'hystériques, dit M. Richer, malgré les apparences de l'état de veille, se comportent comme s'ils étaient sous le coup des conditions mentales artificiellement provoquées par les procédés hypnogènes ! Combien d'hystériques ne sont que des somnambules éveillés (2) ! »

Selon M. Bernheim, certains sujets hypnotisables, même ceux qui n'arrivent pas au sommeil profond, présentent à l'état de veille exactement les mêmes phénomènes qu'en hypnotisme et la même disposition à recevoir des suggestions. De même, d'après le même auteur, et sa manière de voir a été confirmée par plusieurs observateurs, beaucoup de sujets,

(1) J. Braid, *loc. cit.*
(2) P. Richer, *loc. cit.*

ayant été hypnotisés antérieurement, peuvent, sans hypnotisation nouvelle, présenter à l'état de veille l'aptitude à manifester les mêmes phénomènes suggestifs que dans l'état hypnotique.

Nous voyons donc qu'en somme, la suggestibilité à l'état de veille n'existe que chez des personnes éminemment sensibles à l'hypnotisme, et l'on peut dire que chez eux, au moment où la suggestion donnée à l'état de veille se réalise, il n'y a plus à proprement parler état de veille, mais qu'un commencement d'hypnose est constitué.

Cela démontre en outre que l'état hypnotique peut exister sans phénomènes somatiques caractérisés, et sans vouloir examiner ici si les trois états hypnotiques décrits par Charcot ont ou non une existence propre en dehors de la suggestion, nous pouvons dire qu'il n'est pas nécessaire de produire la léthargie, la catalepsie ni le somnambulisme pour provoquer un état d'hypnose propre à exalter la suggestibilité.

III

RÔLE DE LA SUGGESTION EN THÉRAPEUTIQUE

Au sujet de l'importance thérapeutique de la suggestion hypnotique, les médecins se divisent en trois groupes.

Dans le premier se placent les incrédules et les adversaires de tout ce qui concerne l'hypnotisme et la suggestion. Ils sont aujourd'hui en bien petit nombre. Parmi eux, on pourrait citer quelques professeurs de Berlin et de Paris, dont l'attitude en ces questions est d'autant plus singulière, qu'ils sont plus éminents par leurs vastes connaissances et le talent d'observation dont ils ont fait preuve dans le cours de leur vie scientifique. Comme leur fin de non-recevoir n'est motivée que sur des arguments généraux d'une valeur discutable et non sur des faits précis, nous croyons inutile de nous y arrêter plus longtemps.

Le second groupe est formé par les partisans de l'École de la Salpêtrière. Le professeur Charcot et ses élèves ne veulent voir dans l'hypnotisme qu'une névrose expérimentale provoquée chez les hystéri-

ques ; ils ne veulent connaître et étudier, sous prétexte de rigueur scientifique, que l'hystéro-hypnose
ou grand hypnotisme. Ils considèrent comme identiques les phases de la grande hystérie et les trois
périodes qu'ils ont décrites du grand hypnotisme.
Ce qui prouve cette identité, selon M. Babinski (1),
c'est que les phénomènes hypnotiques apparaissent
spontanément chez les hystériques à la suite des
crises de leur maladie, ce qui excluerait complètement le rôle de la suggestion dans leur production.
M. Bernheim et les partisans de l'École de Nancy
ont, il est vrai, fourni d'abondants exemples de
cures obtenues par la suggestion hypnotique chez
des sujets qu'ils prétendent indemnes d'hystérie,
et même chez des individus atteints d'affections
organiques des centres nerveux, mais ces faits sont
loin d'être probants : il s'agissait sans doute dans
tous ces cas d'hystérie méconnue. Les sujets hypnotisés à Nancy seraient donc des hystériques mé-
connus, et M. Bernheim aurait commis, en ce qui
concerne surtout ses hypnotisés à lésions organiques, autant d'erreurs de diagnostic par oubli de
ce fait, mis en lumière par M. Charcot, que l'hys-

(1) Babinski, *Archives de Névrologie*, 1891.

térie peut revêtir tous les caractères des affections organiques. Le rôle thérapeutique de l'hypnotisme est donc restreint à l'hystérie, et vouloir provoquer l'hypnose quand même, c'est contribuer à la propagation de l'hystérie? Il y aurait par conséquent absurdité à appliquer l'hypnose à une foule d'affections qui n'ont rien à voir avec cette névrose.

Parmi les partisans de cette doctrine, nous citerons MM. Gilles de la Tourette, Babinski, Regnard, Guermonprez, Binswanger, Ziemmsen, Meynert, Strümpell, etc. Produire l'hypnose veut dire rendre hystérique, dit en propres termes ce dernier dans son traité des maladies du système nerveux.

M. Luys, malgré ses idées très particulières sur l'hypnotisme, le professeur Pitres, de Bordeaux, le professeur Grasset, de Montpellier, peuvent être rattachés à l'École de la Salpêtrière. Ils ne reconnaissent guère de valeur curative à la suggestion hypnotique que dans l'hystérie.

Nous ne cacherons pas que notre manière de voir personnelle est loin d'être contraire à cette école. Nous sommes persuadé que dans la majorité des cas, l'hypnose et l'hystérie sont proches parentes, mais nous devons nous avouer qu'il est impossible de les identifier si l'on admet avec Bernheim que sur cent personnes, quatre-vingts sont hypnotisables. Car alors, ou les mots n'ont plus de sens, ou quatre-vingts personnes sur cent sont hystériques, ce qui ne saurait être admis. Que dis-je ! quatre-vingts pour cent ! ce serait quatre-vingt-treize pour cent, d'après M. Liébeault. Autant dire que tout le monde est hystérique. Or les témoignages sont trop nombreux, trop précis, trop dignes de foi, comme nous allons le voir, pour qu'on puisse nier l'extrême fréquence des personnes hypnotisables, et s'il en est ainsi, il est facile d'admettre des degrés et des formes de l'hypnotisme, d'étudier le petit à côté du grand.

Le troisième groupe est formé par les partisans de l'École de Nancy. Ceux-ci, non moins intransigeants que ceux de l'école précédente, refusent de reconnaître dans la majorité des cas la moindre connexité entre l'hypnotisme et l'hystérie. L'hypnose est un état *sui generis* du système nerveux qui favorise principalement la production de la suggestibilité, et qui, judicieusement provoqué, est d'une innocuité parfaite. C'est « dit M. Forel, avec le cerveau qu'on opère, pour réaliser des

phénomènes hypnotiques, et les cerveaux sont
d'autant plus faciles à impressionner qu'ils sont
plus sains. » Dès lors, le médecin peut utiliser la
suggestion dans un but thérapeutique toutes les
fois que la chose lui paraît convenable et les occasions seront fréquentes, puisque presque tout le
monde serait, comme nous l'avons dit plus haut,
hypnotisable, par conséquent suggestible.

En effet, dans sa statistique de 1880, M. Liébault
constatait que sur 1.011 personnes des deux sexes,
de tout âge et de tout tempérament, 27 s'étaient
seulement montrées réfractaires aux pratiques
hypnotiques. Dans une autre statistique, d'août 1884
à juillet 1885, sur 750 sujets, 60 seulement furent
réfractaires.

Suivant l'estimation de M. Bernheim, les personnes hypnotisables sont dans la proportion de
quatre-vingts pour cent.

Wetterstrand, en Suède, sur 718 malades traités
en 1886-1887 n'en a trouvé que 19 réfractaires.

Forel, sur 128 personnes, en a hypnotisé 100.

Van Renterghem et Van Eeden, à la clinique de
psychothérapie suggestive d'Amsterdam, sur 414
sujets, n'en ont trouvé que 15 réfractaires.

Le Dr de Jong, de La Haye, a hypnotisé 2.000 malades dans sa clinique ; il n'y en eut que 3 de réfractaires, ce qui fait la proportion de quatre-vingt-dix-huit pour cent d'hypnotisables. L'auteur pense que si cette proportion ne s'est pas maintenue, cela tient à ce que sa patience, par suite de la trop grande affluence des malades, a diminué.

Lorsqu'on veut calculer la proportion des personnes hypnotisables, il ne faut pas seulement tenir compte de la position sociale, du degré de culture intellectuelle, de l'âge, du sexe ; il faut encore prendre en considération le milieu. Il y a des milieux, les hôpitaux, les cliniques par exemple, qui suggèrent l'hypnotisme et où s'entraînent réciproquement surtout les sujets hystériques si faciles à influencer.

Nous avons cité l'opinion de M. Forel, soutenant que les phénomènes hypnotiques se réalisent d'autant mieux qu'on a affaire à des sujets sains. Cette manière de voir est partagée par de nombreux auteurs. L'hystérique, pensent M. Brémaud et aussi M. Déjerine, n'est pas seule hypnotisable ; on peut même dire qu'elle est souvent moins suggestible que les autres ; on rencontre nombre d'hystériques

qui sont réfractaires à l'hypnotisme et on échoue
souvent chez les nerveux, les neurasthéniques,
alors qu'on réussit si facilement avec les marins,
les militaires, les jeunes gens, les enfants. Parmi
ces derniers on en rencontre de suggestibles à
tel degré qu'ils le sont même absolument à l'état
de veille.

Le D\ de Jong, spécialiste pour les maladies
mentales et nerveuses, n'a remarqué aucune affi-
nité entre l'hypnose et l'hystérie. Ce sont les hystériques qui lui ont fourni le plus de réfractaires,
sauf les grands hystériques.

D'après M. Delbœuf, les hystériques seraient moins,
et non plus hypnotisables que les personnes saines,
et pour lui, c'est en dehors de l'hystérie qu'il faut
chercher des individus sensibles au magnétisme.

Ces idées sont assurément plus favorables à la
cause de la suggestion que les idées contraires.
Aussi est-ce surtout à l'École de Nancy que l'on
doit les progrès de la thérapeutique suggestive.
Alors que la Salpêtrière se sert surtout de l'hypnotisme dans un but expérimental, MM. Liébeault,
Bernheim et beaucoup d'autres sont allés droit au
côté pratique.

Ils ont été suivis dans cette voie par MM. Bérillon, A. Voisin, Déjerine, Fontan et Ségard, Forel,
Ladame, Moll, Schrenk-Notzig, Van Renterghem,
van Eeden, Lloyd Tuckey, Wetterstrand, etc. (1).

Parmi les résultats publiés, nous en citerons
quelques-uns. M. Bernheim fournit 105 observations
d'affections très variées contre lesquelles la suggestion thérapeutique a fourni les meilleurs résultats,
puisque, sur ce nombre, il a obtenu 90 guérisons et
12 améliorations.

MM. van Renterghem et van Eeden, sur 414
malades, ont eu 100 guérisons, 190 améliorations,
71 résultats négatifs et 52 résultats restés inconnus.

M. Lloyd Tuckey, de Londres, annonçait à l'Association britannique, en 1890, que la suggestion lui
avait jusqu'ici donné 500 succès thérapeutiques.

M. Bérillon, à sa clinique des maladies nerveuses,
a guéri en 18 mois 360 malades, soit 265 femmes,
50 hommes et 45 enfants.

Au congrès de l'hypnotisme de 1889, la plupart
des médecins français, et presque tous les médecins
étrangers se sont ralliés aux doctrines de Nancy.

(1) Voyez, *Revue de l'hypnotisme, passim.*

Parmi ces derniers, outre les noms cités précédemment, nous voyons que le Dr Kingsbury, de Blackpool, a soutenu, en Angleterre, la valeur curative de la suggestion hypnotique, a déclaré qu'elle était sans danger entre des mains expérimentées et qu'elle peut rendre les plus grands services (1).

En Amérique, le Dr Hamilton Osgood, de Boston, a traité de nombreux malades par la nouvelle méthode, et s'est appliqué à la vulgarisation de l'hypnotisme dans son pays (2).

Parmi ceux qui n'admettent qu'avec restriction les vues de l'Ecole de Nancy, plusieurs et des plus notables, comme le professeur Mierzejewski, admettent la haute valeur curative de l'hypnotisme.

M. Debove a guéri ou amélioré par la suggestion de nombreuses manifestations névropathiques (3).

« L'action thérapeutique de la suggestion est très grande, dit M. Déjerine. La suggestion à l'état de veille suffit dans bien des cas, et il est plus d'une méthode de traitement dans laquelle l'élément suggestif joue le rôle principal, unique même parfois.

(1) Kingsbury, *The practical of hypnotic Suggestion*. Bristol, 1891.
(2) H. Osgood, *Revue de l'hypnotisme*, 1891.
(3) Debove, *Société médicale des hôpitaux*, 1835.

La suggestion hypnotique rend aussi des services considérables, et compte déjà à son actif des succès nombreux et extrêmement remarquables » (1).

A l'Académie de médecine de Belgique, la discussion sur l'hypnotisme a duré plusieurs mois. Les membres qui ont pris part à la discussion se sont appliqués à démontrer, non seulement l'importance de l'hypnotisme au point de vue psychologique, mais encore la haute valeur thérapeutique de cet agent.

IV

INDICATIONS DU TRAITEMENT HYPNO-SUGGESTIF

-Les indications de la suggestion en thérapeutique sont loin d'être établies, ce qui résulte de l'extrême divergence des vues doctrinales des médecins qui se sont occupés de la psychothérapie.

On comprend que ceux qui considèrent l'hypnose comme un état pathologique, qu'il est par conséquent dangereux de provoquer, en veuillent restreindre dans des limites étroites les applications thérapeutiques, alors que ceux qui croient à l'abso-

(1) Déjerine, *Revue de l'hypnotisme*, 1891.

lue innocuité du sommeil provoqué soient portés à en étendre indéfiniment l'usage et l'appliquent presque à toutes les maladies inscrites dans les cadres de la pathologie.

En 1885, M. Grasset, après avoir analysé les cures relatées par Braid et présenté une observation personnelle où l'hypnotisme lui avait donné des effets utiles, présentait *provisoirement* les conclusions suivantes :

L'hypnotisme ne parait réussir que dans l'hystérie. On ne doit l'essayer que dans cette névrose.

Il faut surtout l'essayer chez les malades qui s'endorment facilement pour ne pas provoquer une névrose artificielle.

Quand le sommeil est obtenu facilement dès la première séance, l'hypnotisme est sans danger. Il vaut mieux *endormir par la fixation du regard*; l'intervention active et personnelle du médecin développe mieux son influence sur le malade et favorise ainsi l'effet de la suggestion (1).

Pour le professeur Pitres, les troubles susceptibles d'être heureusement modifiés par la suggestion sont relativement peu nombreux. En première ligne,

(1) Grasset, *Semaine médicale*, 1895.

il faut placer les accidents hystériques, aussi bien les accidents intermittents que les attaques convulsives ou délirantes et que les accidents permanents interparoxystiques, paralysies, contractures, etc. Puis viennent certains penchants morbides et certains troubles fonctionnels qu'on observe chez les névropathes, l'insomnie, les habitudes solitaires, la morphinomanie, l'alcoolisme, l'incontinence d'urine et, dans certains cas, l'arrêt ou la surabondance du flux menstruel.

Les malades atteints de vésanies franches, d'obsessions neurasthéniques, d'épilepsie idiopathique, ne tirent ordinairement aucun profit de la thérapeutique suggestive ; non plus que les malades atteints de lésions organiques des centres nerveux, à moins qu'aux symptômes propres à ces dernières ne s'associent, ce qui arrive fréquemment, certains symptômes hystériques (1).

Avec M. Bernheim, le cadre des affections justiciables de la thérapeutique suggestive s'accroît considérablement. Il a obtenu des succès dans les diverses manifestations de l'hystérie, dans les neu-

(1) A. Pitres, *Leçons cliniques sur l'hystérie et l'hypnotisme.* Paris, 1891.

rasthénies héréditaires et acquises, dans l'hypocondrie, dans les maladies mentales, dans l'épilepsie, la chorée, la tétanie, le tétanos, les névralgies, les névroses diverses, dans la paralysie agitante, dans la morphinomanie, l'alcoolisme, le rhumatisme, les maladies organiques de la moelle, du cerveau, des voies digestives et respiratoires, des pyrexies, etc. Dans ces dernières, la suggestion n'agit que contre certains symptômes accessoires. Par exemple dans les affections des poumons et du cœur, la suggestion peut avoir des effets salutaires en diminuant la toux, en calmant l'oppression, en supprimant certains accès d'asthme, en rendant le sommeil et l'appétit aux tuberculeux. De même, dans les affections organiques de la moelle et du cerveau, on ne peut modifier que les symptômes qui sont dus à une irritation de voisinage et qui ne relèvent pas directement de la lésion destructive (1).

Le cadre de M. Bérillon est à peu près le même que celui de l'auteur précédent. Il divise en cinq groupes les affections dans lesquelles le traitement suggestif peut donner des résultats favorables; ce sont : 1º les névroses; 2º les maladies organiques

(1) Bernheim, *Hypnotisme, suggestion, psychothérapie*, 1891.

du système nerveux ; 3° la neurasthénie et les névropathies ; 4° les maladies mentales ; 5° les affections nerveuses des enfants (1).

M. Fontan, de Toulon, s'est surtout signalé dans
le traitement suggestif des affections *cum materia*
du système nerveux. Il n'a jamais guéri complètement des personnes atteintes d'affections de ce
genre, mais il a soulagé nombre de malades, a
rendu les forces à plusieurs et procuré à quelques-
uns l'illusion d'une guérison complète. Nous ver-
rons plus loin l'explication que donne l'auteur de
ses succès. A côté de ces derniers, il a eu à enregistrer des échecs, ce qui n'est pas fait pour éton-
ner. Ainsi, il n'a obtenu aucun résultat dans une
paralysie infantile, une paralysie saturnine, une
paralysie traumatique du nerf radial, une paralysie oculaire syphilitique. Il a échoué aussi dans
plusieurs hémiplégies d'origine centrale et quelques affections médullaires (2).

Mais c'est à l'étranger, surtout en Hollande et en
Suède, que la psychothérapie a pris un essor im-

(1) G. Bérillon, *Les indications formelles de la suggestion
hypnotique* (*Revue de l'hypnotisme*, 1891).
(2) Fontan et Ségard, *Eléments de médecine suggestive*.
Paris, 1887. — *Congrès de l'hypnotisme*, 1889.

mense qui tient du merveilleux. MM. Wetterstrand, Norstrom, Velander, Erickson, etc., ont hypnotisé des milliers de malades et obtenu des résultats qu'ils proclament excellents et variés.

« En un an et demi, dit M. Velander, j'ai traité plus de six cents personnes par la suggestion hypnotique et dans un nombre de cas assez respectable j'ai obtenu des guérisons importantes. Comme maladies les plus aptes à être traitées par cette méthode, j'ai trouvé : douleurs en général, névralgies, insomnies, mélancolie même, dysménorrhée, aménorrhée, incontinence nocturne et diurne d'urine, auto-somnambulisme, rhumatisme aigu et chronique, amblyopie nerveuse, habitudes vicieuses, dipsomanie, etc. (1) »

M. Wetterstrand a traité les maladies suivantes à l'aide de l'hypnotisme et de la suggestion :

Céphalalgie, névralgies, affections de la moelle épinière (tabès dorsalis), épilepsie, chorée, contractions spasmodiques, bégaiements, neurasthénie, anémie, rhumatisme, hémorragies, phthisie pulmonaire, maladies du cœur, affections d'estomac, diarrhée, maladie de Bright, incontinence d'urine;

(1) Velandor, *Revue de l'hypnotisme*, 1890.
CULLERRE, Thérapeut. suggestive.   4

névralgie du col vésical, maladies des enfants,
anomalie des menstrues, psychoses, hystérie, amblyopie, surdité nerveuse, alcoolisme, et, finalement, il s'est servi de l'hypnotisme pour obtenir
l'anesthésie dans quelques petites opérations et
dans les accouchements (1).

Un cas seulement d'hystérie proprement dite fut
traité par lui. Dans les maladies organiques il obtint d'heureux résultats, par exemple, dans les
hémoptysies et dans les diarrhées chroniques des
phthisiques. Dans les affections cardiaques, il
réussit à provoquer une modification favorable de
l'action du cœur, ce qu'il démontre par des tracés.

« Il obtint surtout, dit M. Van Eeden, des effets
surprenants dans l'anémie, qui, chez les femmes,
est très souvent accompagnée de leucorrhée et de
dyspepsie; il donne même le conseil à tout médecin qui veut se vouer à la pratique suggestive, de
commencer par des cas pareils. Ainsi, dans la maladie Bright, l'influence salutaire de la suggestion
hypnotique a été hors doute. Cela est conforme à
l'expérience de M. Van Renterghem et à la mienne,
qui avons prévenu, à l'aide de la suggestion, l'hy-

(1) Van Eeden, *Revue de l'hypnotisme*, 1889.

dropisie qui menaçait ces malades d'une mort certaine et qui avait résisté à tout remède. Il appert
de tout ceci qu'on a posé des limites trop étroites
à la puissance de la suggestion ; néanmoins la suggestion hypnotique trouvera surtout son application dans les névroses fonctionnelles (1). »

Comme on le voit, la pratique des médecins français les plus confiants dans la thérapeutique suggestive est considérablement dépassée. Nous citons
sans commentaires. L'heure n'est pas venue encore, croyons-nous, de faire un tri parmi ces innombrables applications de la suggestion ; le temps
et l'expérience se chargeront sans doute de le
faire.

Quoi qu'il en soit, nous retenons surtout du paragraphe que nous venons de citer la phrase suivante : la suggestion hypnotique trouvera surtout
son application dans les névroses fonctionnelles.
C'est là sûrement son vrai domaine ; les dévelop-
pements dans lesquels nous entrerons dans les
chapitres suivants le prouveront d'une manière su-
rabondante. Ils prouveront encore avec une force
réelle que parmi les névroses fonctionnelles, les

(1) Van Eeden, *loc. cit.*

affections hystériques constituent le terrain de choix pour l'action efficace de la suggestion hypnotique. Un grand nombre de cliniciens, d'ailleurs expérimentés, n'ont sans doute pas une idée suffisante de l'extrême fréquence de l'hystérie et de l'excessive multiplicité de ses formes. L'hystérie fruste est souvent méconnue; de là des succès vantés dans des cas nombreux, et qui probablement n'en sont pas aussi indemnes qu'on peut le croire.

V

DANGERS DE L'HYPNOTISME

Nous nous arrêterons un instant sur ce qu'on a appelé, non sans justesse, les dangers de l'hypnotisme. Il est certain que ces dangers existent et qu'il n'est permis à aucun médecin de les ignorer; de nombreux exemples d'accidents plus ou moins graves ont été publiés qui démontrent combien ont été nuisibles, dans certaines circonstances, des tentatives inconsidérées d'hypnotisation.

Et, tout d'abord, ainsi que l'a bien montré

M. Guinon (1), l'hypnotisme peut être compté au nombre des agents révélateurs de l'hystérie. Dans une de ses leçons, le professeur Charcot montrait une femme de trente-huit ans, qui, magnétisée par un charlatan, avait fini par être frappée de mutisme hystérique. A partir des premières hypnotisations, toutes accompagnées d'accidents convulsifs et d'attaques de contractures, la malade était devenue triste, elle n'avait plus de goût à rien, elle ne pouvait plus se livrer au moindre travail intellectuel et se figurait être constamment placée sous la domination de son magnétiseur. Depuis cinq jours elle était frappée d'un mutisme complet, absolu.

Le professeur Pitres cite l'exemple d'un garçon vigoureux d'une vingtaine d'années qui avait été hypnotisé par Donato à différentes reprises et qui, après le départ de ce dernier, devint sujet à des attaques de sommeil spontané dans lesquels il mimait les scènes que lui avait fait jouer le magnétiseur sur le théâtre. Pendant plus de six mois, ce jeune homme resta sujet à ces accidents.

L'auteur ajoute, ce qui s'est produit dans un

(1) Guinon, *Les agents révélateurs de l'hystérie.*

nombre considérable de milieux et ce qui a nécessité l'interdiction des séances d'hypnotisme dans
beaucoup de villes et même d'États, que Donato
avait suscité à Bordeaux une véritable épidémie de
folie hypnotique.

Parmi ces épidémies de folie hypnotique, il en est
de célèbres. « Il y a deux ans, dit le professeur
Charcot, un magnétiseur de profession donna, sur
le théâtre de Chaumont-en-Bassigny, des représen-
tations de « fascination » qui émurent profondément toute la population, l'affolèrent et détermi-
nèrent par-ci, par-là, quelques accidents plus ou
moins sérieux. La manie d'hypnotiser pénétra jusque
dans le collège de la ville. Plusieurs élèves prati-
quèrent l'hypnotisme sur leurs camarades et quelques accidents nerveux s'ensuivirent.

« Le principal du lycée mit bon ordre à la chose
pour ce qui concernait les internes ; mais quelques
externes surveillés n'en continuèrent pas moins
leurs pratiques. C'est ainsi que les nommés Blan...
et Thom... se sont plusieurs fois amusés, sous un
porche voisin de l'hôtel de l'Écu, à hypnotiser, par
la fixation des yeux, un jeune garçon âgé de douze
ans que j'ai dans le temps présenté à la clinique.

C'est le petit hypnotisme sans doute qu'ils obtenaient ainsi.

« En tout cas, ils réussirent à faire commettre au petit Blan..., en le suggestionnant, des actions qui les réjouissaient énormément. Ainsi Blan... fut, dit-on, promené presque nu sur la place de la Banque-de-France ; il est allé demander à acheter un cheval chez un marchand de nouveautés, et autres facéties provinciales du même genre.

« Jusque-là, il n'y a pas encore grand mal sans doute ; mais voici le côté fâcheux. Le jeune Blan... sans antécédents nerveux marqués, n'avait jamais eu d'attaques jusqu'au moment où les premières tentatives d'hypnotisme ont eu lieu ; mais, au bout de quinze jours, surviennent des crises se répétant presque tous les jours et qui effrayent considérablement les parents, d'autant plus que le jeune frère de notre petit malade, âgé de quatre ans seulement, commençait, lui aussi, à présenter des symptômes du même genre. C'est pour mettre fin, si possible, à tout cela, que le père nous l'a amené et, d'après notre conseil, l'a remis entre nos mains. Les accès à l'hôpital se sont répétés pendant quelque temps tous les deux ou trois jours. C'étaient des attaques hystériques assez bien formulées, précédées d'une aura : douleur de tête et batte-ments dans les tempes, sifflements dans les oreilles; puis survenaient des contorsions et l'arc de cercle. Enfin, l'enfant prononçait quelques paroles rela-tives aux préoccupations de la veille. Il n'existait pas de stigmates hystériques. L'enfant est sorti, après cinq ou six mois de traitement, à peu près guéri (1). »

Nous pourrions, aux témoignages précédents, ajouter ceux de nombreux médecins qui ont re-cueilli des faits analogues ; nous citerons, parmi ces derniers, MM. Ladame, Bérillon, Liébeault, Bovin, Boddaert, Briant, Morselli, etc. M. Moutin, magnéti-seur de profession, avoue (2) toute une série d'ac-cidents dus à l'hypnotisation : crises de nerfs, convulsions violentes, syncopes, catalepsie, con-gestion cérébrale, hébétude intellectuelle.

Ces dangers de l'hypnotisme, il est juste de le constater, se sont révélés presque exclusivement dans les milieux extra-scientifiques. Mais ils pour-raient se produire aussi entre les mains d'un mé-

(1) Charcot, *Revue de l'hypnotisme*, 1890.
(2) Moutin, *Hypnotisme moderne*.

decin inexpérimenté. Il est donc de toute nécessité,
pour le médecin qui veut se livrer à l'hypnothérapie, de faire un apprentissage préalable ; l'hypnotisme, comme toute branche des sciences d'ex-
périmentation, a ses procédés et sa technique.

« Je suis certain, disait déjà Braid, qu'il faudra
toute l'acuité d'observation et toute l'expérience
des médecins pour décider dans quel cas il sera
bon et sans danger d'avoir recours à l'hypnotisme ;
j'ai toujours condamné dans les termes les plus
énergiques l'usage de ce moyen dans les mains des
personnes étrangères à la médecine. »

Cette expérience acquise, la médication suggestive n'est pas plus dangereuse que les autres, et il
serait tout aussi absurde de proscrire, sous prétexte de dangers, l'hypnotisme de la thérapeutique,
que d'en proscrire la digitale, sous prétexte qu'elle
a occasionné parfois des accidents.

« Quant aux dangers qui peuvent résulter de l'emploi de l'hypnotisme en thérapeutique, dit M. Déjerine, j'avoue que, pour ma part, je ne les ai jamais
constatés, bien que l'ayant employé déjà un grand
nombre de fois. Dans le domaine expérimental
comme dans celui de la thérapeutique, l'hypno-

tisme, je le répète, est inoffensif lorsqu'il est manié par des personnes compétentes (1). »

Selon le professeur Beaunis (2), les dangers de l'hypnotisme ont été beaucoup exagérés. Ils tiennent en grande partie à l'imperfection des procédés employés et à l'inexpérience de l'hypnotiseur. Pour lui, il n'a jamais vu que des accidents tellement légers qu'ils ne peuvent réellement pas inquiéter et qu'on peut facilement s'en rendre maître. Un peu de mal de tête, des douleurs variables comme forme et comme siège, quelques crises nerveuses allant rarement jusqu'à la véritable attaque de nerfs, l'imminence d'une syncope : tels sont les seuls accidents à craindre et qu'il est aisé de prévenir.

Le seul véritable danger, selon le même auteur, c'est d'asservir le sujet à l'expérimentateur, de façon qu'une fois le pli pris, l'hypnotisé se trouve sous la dépendance absolue de l'hypnotiseur. Mais il ajoute que ce danger peut être conjuré par la simple précaution de ne jamais opérer seul, d'hyp-notiseur à hypnotisé.

(1) Déjerine, *Revue de l'hypnotisme*, 1891.
(2) Beaunis, *Le Somnambulisme provoqué, études physiologiques et psychologiques. Paris*, 1887.

Le danger n'est pas imaginaire et ce précepte est d'une sagesse évidente. Nous avons vu que la malade de M. Charcot, dont nous avons précédemment parlé, était hantée par l'idée qu'elle était toujours sous l'influence de son magnétiseur. Cette idée fixe peut prendre les proportions d'un véritable délire de persécution. Chaque découverte de la science ne tarde pas à prendre rang parmi les agents persécuteurs dont certains aliénés se disent victimes et déjà l'hypnotisme est venue s'ajouter à l'électricité, au phonographe, au téléphone et autres agents de la *physique*. En Suède, on a vu il y a quelques années un étudiant en médecine porter plainte contre un médecin qu'il accusait de l'hypnotiser sans son consentement. Les médecins experts et les témoignages apportés au procès ayant facilement démontré que les hypnotisations dont se plaignait ce jeune homme étaient imaginaires et n'avaient jamais existé, il fut débouté de sa plainte. Si donc une hypnotisation imaginaire peut alimenter le délire de la folie, à plus forte raison une hypnotisation réelle pourra avoir ce résultat.

Des tentatives inconsidérées d'hypnotisation peuvent encore provoquer l'hypocondrie. Nous voyons

tous les jours des mélancoliques attribuer leur mal
à l'imprudence qu'ils ont eue de consulter des empiriques, des charlatans et des sorciers ; ils l'attri-
bueront tout aussi bien à l'hypnotiseur et à ses
procédés, si ce dernier n'a pas su s'entourer des
garanties nécessaires.

Une suggestion intempestive peut provoquer
l'éclosion d'un véritable délire. L'hypnotisme expérimental en fournit la preuve.

On sait avec quelle facilité on peut inculquer à
un sujet en somnambulisme, une idée fausse ou
délirante. Si la suggestion de l'oubli n'en a pas été
formellement donnée, la conception délirante pourra
persister au réveil. M. Luys nous raconte qu'il avait
suggéré à une de ses somnambules qu'elle assistait
à un assassinat commis par le Dr X... Cette hallucination laissa des traces dans le souvenir du sujet
qui demeura persuadé à l'état de veille que le
Dr X... était véritablement un assassin. Aussi, pendant trois semaines, répétait-elle sans cesse à
M. Luys, avec une apparence de sincérité complète :
« Vous avez bien tort de garder près de vous M. X...,
il vous fera un mauvais coup. »

Un jour des agents de police trouvent assis sur

un banc, dans un jardin public, un homme qui pleurait à chaudes larmes. « Au cours d'une discussion, leur expliqua-t-il, j'ai tué ma mère de deux coups de couteau. Elle est morte aussitôt; je suis un misérable ! »

Renseignements pris, la police apprit de la bouche même de la mère de cet homme qu'un mois auparavant il s'était fait hypnotiser, qu'on lui avait suggéré l'idée d'assassiner un mannequin à coups de couteau, et que depuis ce temps il était sujet à de véritables accès de folie, semblables à celui dont les agents avaient été témoins (1).

VI

RÈGLES A SUIVRE DANS L'EMPLOI DE LA SUGGESTION HYPNOTIQUE

La conclusion de ce qui précède, c'est qu'il ne doit être permis à personne d'aborder l'hypnotisme, et surtout l'hypnotisme thérapeutique, sans posséder de sérieuses connaissances en physiologie et en médecine. On ne saurait trop le répéter, les hommes qui, sans offrir ces garanties, se livrent à

(1) Luys, *Les émotions dans l'état d'hypnotisme*. Paris, 1887.

la, pratique de l'hypnotisme avec une ardeur d'autant plus grande qu'ils ne se doutent pas des res-
ponsabilités qu'ils assument, commettent plus
qu'une légèreté ; ils se rendent coupables d'un véritable attentat contre la personne humaine, sans
compter qu'ils se rendent parfois ridicules par l'in-
génuité de leurs prétendues découvertes et l'assurance imperturbable avec laquelle ils tranchent les
questions les plus obscures et les plus hérissées de
la médecine contemporaine.

En ce qui concerne l'hypnothérapie, il ne suffit
même pas d'avoir la préparation scientifique nécessaire pour réussir du premier coup dans le ma-
niement de la suggestion; il faut encore avoir subi
l'initiation, fait l'apprentissage des procédés; s'être,
en un mot, rendu maître de ce qu'on a appelé un
peu trop pompeusement peut-être les doses et les
formules, la posologie de l'hypnotisme.

« Une des plus grandes difficultés de l'application de l'hypnotisme, dit M. Bérillon, réside surtout en ce qu'elle nécessite toujours un apprentissage préalable et certaines aptitudes spéciales.

« Par ce côté l'hypnothérapie se rapprocherait
quelque peu de la pratique chirurgicale. En effet,

à côté de quelques-uns de nos confrères qui arrivent difficilement à endormir 10 malades sur 100, on en rencontre d'autres qui, comme M. le professeur Bernheim, arrivent à provoquer l'hypnose chez 80 personnes sur 100 et endorment tous les malades d'un service d'hôpital (1). »

« L'hypnose et la suggestion, dit aussi M. Bernheim, s'obtiennent sans geste, sans passes, sans fixation des yeux ni d'objet brillant, sans éclat de voix, sans pose, par la parole seule, douce et câline, mais sûre d'elle-même ; tout chacun acquiert l'aptitude à la faire avec succès, s'il veut bien s'exercer sous la direction d'un homme expérimenté ; tout le monde peut arriver, dans un service d'hôpital, à influencer 9 malades sur 10. Il faut plusieurs semaines d'expériences pour arriver à ce résultat, et je répète ce que j'ai dit ailleurs : tant qu'on n'y est pas arrivé, tant qu'on n'a pu hypnotiser cette proportion, on doit se dire qu'on procède mal, qu'on n'a pas l'expérience nécessaire, ou qu'on a été mal dirigé. L'art de suggérer s'apprend, par l'habitude, comme la percussion, l'auscultation, l'ophthalmoscopie, la laryngoscopie, etc. Tous ces

(1) G. Bérillon, *Congrès de l'hypnotisme*, 1889.

procédés exigent un apprentissage. Au début, on ne réussit pas ; on voit mal, on entend mal ; on croit qu'on n'arrivera jamais à voir et à entendre. Avec de la persévérance, on percute, on ausculte, on voit d'emblée la rétine et l'intérieur du larynx, très vite, sans aucune peine ; l'œil et la main s'y font seuls. On procède automatiquement pour ainsi dire. Il en est de même de l'hypnose ; on est tout étonné d'arriver avec tant de simplicité, alors qu'auparavant on dépensait tant de temps et d'efforts pour ne pas y arriver. C'est une affaire de quelques secondes pour la plupart des sujets, d'une minute ou deux à peine pour quelques récalcitrants. Ceux qui manquent d'expérience, manquent d'assurance et de coup d'œil ; ils passent à côté de l'hypnose sans s'en douter.

« Chez presque tous les malades de l'hôpital, un peu déprimés, sur lesquels on a de l'autorité, sur ceux surtout qui ont vu leurs voisins endormis, l'hypnose est d'une facilité extrême (1). »

Le procédé de M. Bernheim est assurément le plus inoffensif de tous, mais il ne réussit pas entre les mains de tout le monde. Nous avons, dans un

(1) Bernheim, *Revue de l'hypnotisme*, 1891.

autre livre (1), décrit avec détails les procédés d'hypnotisation les plus employés, nous n'avons donc pas à y revenir. Disons seulement que dans la pratique hypnothérapique, l'objet brillant et la fixation du regard sont utilisés et sont sans inconvénients s'ils sont mis en œuvre avec la prudence convenable. La fixation du regard doit être accompagnée de la suggestion du sommeil.

Il existe quelques procédés dont se servent exclusivement leurs inventeurs, et que nous nous contenterons de signaler, leur supériorité sur les procédés classiques ne paraissant pas suffisamment établie. Tels sont, par exemple, le *choréoptisme* (2), de M. Fanton, et les *miroirs rotatifs* de M. Luys. Ces derniers ne sont qu'un perfectionnement du vulgaire miroir qu'on emploie pour la chasse aux alouettes ; ils se composent de surfaces brillantes qu'un mécanisme d'horlogerie met en mouvement. Ce procédé, d'après l'auteur, agissant sur la rétine, provoque spécialement l'état de fascination, très favorable à la suggestion. Nous avons essayé des miroirs rotatifs et

(1) A. Cullerre, *loc. cit.*
(2) Fanton, *Revue de l'hypnotisme*, 1891.
(3) Luys, *loc. cit.*

nous n'avons pas obtenu des états d'hypnose différents de ceux que donnent les procédés habituels ;
il nous semble donc que la suggestion n'est pas
étrangère à la production de l'état en question.

Il existe, dans l'application de la suggestion
hypnotique, quelques règles dont on ne saurait se
départir sans inconvénients graves, aussi bien pour
l'hypnotiseur que pour l'hypnotisé.

Le sommeil ne doit être provoqué qu'en présence d'une tierce personne autorisée. C'est le seul
moyen de prévenir pour plus tard toutes supposi-
tions, toutes accusations calomnieuses.

Il ne faut jamais endormir sans avoir, au préalable, obtenu le consentement formel du sujet.

Il est désirable que l'idée première du traitement
hypnotique émane du sujet lui-même. Dans le cas
contraire, il est indispensable de le rassurer d'une
façon absolue, et de lui bien persuader qu'il ne
s'expose à aucun danger. S'il laisse paraître de
l'appréhension, il convient de ne pas insister et
d'attendre une occasion plus favorable.

Il ne faut donner aux malades que des suggestions utiles à la guérison. Elle doivent être données
dans des termes précis, clairs et logiques, de telle

sorte que les effets de l'une ne viennent pas contrarier les effets de l'autre.

Enfin, suivant le précepte de M. Beaunis, on sug-
gérera au sujet, avant de le réveiller, qu'il se trouvera très bien du sommeil hypnotique et qu'une
fois éveillé il n'éprouvera aucun malaise. Si le
sujet présente une sensibilité exceptionnelle à l'hypnose, il sera prudent de le mettre en garde contre
des abus possibles en lui suggérant qu'il ne pourra
être hypnotisé que par l'hypnotiseur lui-même et,
s'il est nécessaire, par certaines personnes dési-
gnées d'avance.

La suggestion doit être adaptée au caractère de
chaque individu. Faite sous forme d'injonction sur
un ton de commandement et même de menace,
d'après M. Bernheim, elle réussit chez quelques natures au début réfractaires. La peur qui provoque
si souvent l'hystérie la réprime aussi parfois ; du
temps de Boërhaave, la peur du fer rouge arrêtait
les attaques. De nos jours, la peur des gendarmes a
mis fin à plus d'une épidémie de convulsionnaires.

Cependant la brusquerie n'est qu'exceptionnel-
ement indiquée. La douceur réussit d'ordinaire
beaucoup mieux.

« J'ai trouvé, comme Voisin, dit M. Grasset (1), qu'il était nécessaire au début, avant d'agir par suggestion contre les accidents, d'agir d'abord pour faciliter les séances hypnotiques suivantes. Dès les premières séances, il faut concentrer tout le pouvoir suggestif sur la détermination du sommeil.

« Dans une série de cours, je me suis appliqué à faire ressortir l'avantage qu'il était possible de retirer de l'hypnotisme employé seul, sans suggestion, chez certains malades agités et irritables. Il n'y a aucun inconvénient à les laisser plongés dans l'état hypnotique pendant plusieurs heures consécutives. A leur réveil, les symptômes les plus ennuyeux ont disparu comme par enchantement. »

M. A. Voisin préconise aussi l'emploi de l'hypnose sans suggestion dans certains cas d'agitation et de turbulence de la part du sujet. Il aurait pu ainsi maintenir plusieurs jours de suite dans le sommeil hypnotique des malades indociles et agitées à l'état de veille.

Nous avons nous-même employé ce moyen chez une mélancolique anxieuse, qui se montrait insen-

_____

(1) Grasset, *Association française pour l'avancement des sciences.* (Session d'Oran.)

sible aux suggestions curatives, et qui parut en
retirer quelque soulagement. Nous la faisions dormir tous les matins pendant deux heures. Les jours
où nous négligions de le faire, elle était beaucoup
plus agitée et le personnel de surveillance ne manquait pas de nous le faire observer. Le calme produit n'était peut-être pas le fait du sommeil lui-
même, mais d'une auto-suggestion que se faisait la
malade. Quoi qu'il en soit, il nous a toujours été
impossible d'obtenir par suggestion la disparition
de ses conceptions délirantes.

L'opinion de la plupart des médecins compétents
en hypnotisme est, toutefois, que l'hypnose n'a
d'avantages sérieux que si on lui adjoint la suggestion. « L'agent réellement actif de la guérison, dit
le professeur Pitres, n'est pas le sommeil, mais la
suggestion. Le sommeil ne fait que favoriser le développement de la suggestibilité (1). »

Quelle que soit la médication qu'il applique, le
médecin doit être doublé d'un artiste ; les grands
succès ne sont qu'à ce prix. Dans la médication
hypno-suggestive, l'habileté et l'expérience ne suffisent pas toujours, il faut encore l'autorité. De

(1) A. Pitres, *loc. cit.*

l'influence personnelle du médecin hypnotiseur dé-
pend très souvent le résultat, et c'est un des points
faibles de la méthode.

Le rôle du milieu n'est pas moindre. Il existe
dans certains milieux une véritable atmosphère
suggestive où les malades, avant tout traitement,
respirent pour ainsi dire la guérison. L'instinct
d'imitation et l'auto-suggestion ont déjà fort avancé
les choses, quand l'hypnotiseur commence les suggestions curatives. C'est ainsi qu'on guérit beaucoup à Nancy et à la Charité de Paris, qu'on guérit
bien moins à la Salpêtrière ou à Bordeaux, et qu'on
ne guérit presque pas ailleurs.

En sera-t-il de cette médication nouvelle comme
de celles qu'on voit journellement éclore, jeter un
éclat éphémère et disparaître presque aussitôt dans
un irrévocable oubli? Doit-on dire d'elle : hâtons-
nous de nous en servir pendant qu'elle guérit?
Nous ne le pensons pas, parce qu'en réalité elle
n'est pas nouvelle. Ce n'est, en somme, que la médecine d'imagination, rajeunie et perfectionnée,
étayée sur des bases scientifiques. Cette médecine
d'imagination a existé de toute antiquité; nous la
pratiquons tous les jours; notre traitement moral

n'est pas autre chose ; l'hypnose n'est qu'un élément nouveau, mais d'une importance capitale, il faut en convenir, ajouté à la vieille thérapeutique suggestive d'autrefois.

Donc la médication hypno-suggestive restera, mais, après la période d'engouement actuelle, elle s'assagira ; elle se fera plus modeste, de façon à n'effaroucher personne, à désarmer toutes les répugnances et à se conformer au rang qu'elle mérite d'occuper dans la thérapeutique.

La découverte des microbes pathogènes a suscité l'asepsie et l'antisepsie (1) ; comme méthode prophylactique, cette dernière a fait ses preuves ; comme méthode curative, elle commence à fléchir, après avoir fait merveille. On a traité la méningite par des injections d'acide phénique, et la fièvre typhoïde par des antiseptiques à outrance ; non seulement on n'est pas sûr d'avoir guéri plus de malades que par les anciennes méthodes, mais on commence à s'apercevoir qu'on a bien pu en tuer quelques-uns.

(1) Voyez Ch. Bouchard, *Microbes Pathogènes*. Paris, 1892. — Vinay, *Précis d'Antisepsie*. Paris, 1890. — Bocquillon-Limousin, *Formulaire de l'Antisepsie*. Paris, 1893.

Et cependant, l'antisepsie restera. Il en sera de même de la psychothérapie suggestive, si elle sait se renfermer dans le rôle qui convient à son essence ; si elle sait borner son action aux affections dynamiques du système nerveux et en particulier aux affections hystériques. Appliquée sans discernement à toutes les maladies, elle ne tarderait pas à retomber au rang de ces pratiques d'un empirisme grossier qui sont le propre des charlatans et qui disparaissent bientôt sous le poids de l'indifférence et du ridicule.

Non, le traitement psychique par suggestion n'est pas une panacée. Non, il n'est ni souverain, ni infaillible, même contre la formidable lésion des maladies nerveuses qui font le désespoir des médecins. On a dit beaucoup, quand on a proclamé qu'il guérit quelquefois et soulage souvent ; et c'est déjà en sa faveur un assez grand éloge. Quand on lit certaines productions, un peu enthousiastes, peut-être, des partisans de la thérapeutique suggestive, il faut se défendre d'une illusion : parce que les succès qu'on met sous nos yeux nous paraissent admirables, la méthode nous paraît irrésistible ; mais il en serait autrement si les échecs étaient enregistrés avec le même scrupule que les succès.

Dans une série d'aphorismes, le Dr Tokarski, de Moscou, a parfaitement circonscrit le rôle du médecin dans les applications du traitement hypnotique.

L'emploi de l'hypnotisme, dit-il particulièrement, n'exclut pas celui des autres médications. Il n'est pas désirable d'avoir une classe spéciale de médecins hypnotiseurs. L'application de l'hypnotisme est accessible à tous les médecins. Il n'y a pas lieu d'insister sur l'application de l'hypnotisme dans le cas où d'autres moyens peuvent être employés. Mais un médecin qui refuse actuellement de se servir de l'hypnotisme doit justifier son refus par des considérations sérieuses (1).

Ces règles sont la sagesse même. Un autre savant autorisé les a condensées en quelques mots spirituels par lesquels nous terminerons ce long chapitre : usez de la suggestion, n'en abusez pas ; restez médecins, ne devenez pas hypnotiseurs (2).

(1) Tokarski, *Société d'hypnologie*, juillet 1891.
(2) A. Pitres, *loc. cit.*

CHAPITRE II

La suggestion hypnotique dans l'hystérie.

I

HYSTÉRIE ET SUGGESTION

C'est sur le terrain de l'hystérie, nous l'avons dit et ne saurions trop le répéter, que triomphe réellement la suggestion hynoptique ; mais ce serait une illusion bien grande que de s'imaginer que sur ce terrain même, elle est infaillible. Non seulement il est tels sujets chez lesquels la suggestion n'amène aucun résultat thérapeutique favorable, mais encore il en est chez lesquels les pratiques hypnothérapiques font plus de mal que de bien.

« S'il y a des cas où l'on peut agir, dit le professeur Charcot, il en est d'autres où il convient de s'abstenir et des cas même où les pratiques d'hypnotisme sont nuisibles. Rien d'étonnant à cela ; n'en est-il pas de même des plus précieux médicaments :

l'opium, la digitale, par exemple, qui, dans de certaines circonstances et chez certains sujets, peuvent produire des effets fâcheux? Songe-t'on à les abandonner pour cela (1)? »

Je partage, en ce qui concerne la valeur de la suggestion thérapeutique contre l'hystérie, l'opinion marquée au coin de la saine observation clinique, de M. van Eeden. Ce médecin distingué fait en effet remarquer que dans cette maladie, la thérapeutique suggestive est loin, comme on se l'imagine volontiers, d'être exempte de difficultés : ou bien on obtient tout, ou l'on n'obtient absolument rien; une belle cure chez l'un et chez l'autre... Je n'irai pas jusqu'à dire avec l'auteur, des effets nuisibles, mais tout au moins des effets regrettables (2). Cette contradiction peut s'expliquer sans peine par l'instabilité perpétuelle d'esprit de l'hystérique; si le médecin arrive à prendre sur l'esprit de son malade un empire absolu, à dominer d'une façon complète sa vie psychique, il peut tout espérer de son intervention thérapeutique; dans le cas contraire, il pourra

(1) Charcot, *Revue de l'hypnotisme*, mai 1887.
(2) Van Eeden, *La psychothérapie suggestive.* — *Revue de l'hypnotisme*, 1890.

subir un échec qui aura pour conséquence de renforcer les dispositions opposantes du sujet qui, par
ses propres auto-suggestions, aggravera encore sa
maladie.

Toutes les hystériques, fait observer le professeur
Pitres, ne sont pas hypnotisables; on ne peut guère
compter endormir que les deux tiers des hystériques femmes et un tiers seulement des hystériques
hommes. Il peut en outre se faire que telle hystérique qui a été hypnotisée à une certaine époque
ne puisse plus l'être ultérieurement. Enfin, on en
voit qui ne sont pas hypnotisables et qui pourtant
sont suggestibles et qui guérissent grâce à l'eau mi-
raculeuse d'une source en renom ou à de simples
pilules de mie de pain (1).

Le même auteur remarque encore avec juste
raison que beaucoup d'hystériques hypnotisables ne
retirent cependant aucun bénéfice des suggestions
qui leur sont données pendant l'hypnose; que chez
d'autres, la suggestion provoque rapidement la disparition des accidents, mais que ces derniers ne
tardent pas à reparaître, tantôt au bout de quelques
heures, tantôt au bout de quelques jours, et souvent

_____

(1) Pitres, *Leçons cliniques sur l'hystérie.*

avec une ténacité plus grande qu'auparavant ; que chez d'autres encore, il arrive qu'un accident supprimé par suggestion est remplacé par un autre symptôme plus désagréable, de sorte que les malades, qui ont ainsi perdu au change, demandent qu'on leur rende leur premier mal.

Pas plus pour cette médication que pour les autres il n'est donc possible de désigner d'avance les malades qui s'y montreront sensibles ; l'expérience seule pourra faire ce choix et ce n'est pas, certes, une des moindres difficultés de la méthode.

Nous devons nous demander maintenant, avant d'aller plus loin, si l'hystérie, d'une façon générale, peut être guérie par l'hypnotisme et la suggestion, ou si, comme dans les maladies constitutionnelles, ses manifestations isolées et localisées seules sont justiciables de cette médication ?

Nous croyons que la grande hystérie constitutionnelle, l'hystéro-épilepsie, est une affection qui imprègne trop profondément l'organisme pour que l'on puisse espérer d'en obtenir la guérison complète et définitive à l'aide de la suggestion hypnotique. Cet agent, comme nous l'avons dit ailleurs, ne peut avoir d'efficacité que contre les accidents.

temporaires de la maladie, et nul ne songerait à lui
demander la disparition d'un vice constitutionnel,
d'une tare dégénérative ou de tout autre disposition
morbide innée. Même ainsi limité, le rôle de la
suggestion hypnotique est encore assez favorable
dans l'hystérie, surtout dans l'hystérie commune,
pour qu'on puisse dire qu'il n'est pas d'affection
où elle rende plus de services.

Les réserves qui précèdent ne doivent cependant
pas être absolues. Quelques faits bien observés vont
en effet à l'encontre de cette opinion. « Il est absolument hors de doute, dit M. Bérillon, que toutes
les malades hystéro-épileptiques qui furent pendant
trois ans, dans le service de M. Dumontpallier, à la
Pitié, soumises à des séances quotidiennes d'hypnotisme, faites à la fois dans un but thérapeutique et
expérimental, ont vu peu à peu disparaître complètement, non seulement leurs attaques convulsives,
mais aussi les autres symptômes qu'elles avaient
présentés ». L'auteur cite sept de ses malades qui
ont repris la vie normale. Deux d'entre elles sont
mariées, mères de familles; elles jouissent d'une
bonne santé et n'ont plus d'attaques. Une troisième
•occupe de délicates fonctions administratives que

son état de santé antérieur n'eût jamais permis d'espérer qu'elle pût remplir un jour.

Parmi les quelques observations de grande hystérie guérie par la suggestion hypnotique, je résumerai la suivante, due à M. Burot; elle me semble vraiment intéressante.

« C'était une femme de vingt-huit ans, mariée, mère de trois enfants, hystérique depuis l'âge de onze ans, époque où se montrèrent les premières attaques convulsives.

« Depuis six mois, sous l'influence d'une peur, les crises se répétaient outre mesure. Elles duraient quelquefois des heures entières et s'accompagnaient de grands mouvements. Dans l'intervalle des attaques, la malade était tourmentée par des migraines et de la gastralgie.

« Troubles de la sensibilité à gauche. Anesthésie légère du côté des membres, pas d'analgésie ; hémianesthésie sensorielle gauche ; diminution du champ visuel, surdité, anorexie. Hyperesthésie à la région abdominale gauche ; il existe à ce niveau des douleurs spontanées, et la moindre pression ne peut être supportée.

« Troubles de la motilité exclusivement localisé
au membre inférieur droit. La malade présente
l'attitude d'une coxalgique : la jambe droite est
dans l'extension, le pied dans l'abduction et la rotation en dehors ; raccourcissement apparent. La
claudication est spéciale ; cette femme traîne la
jambe, de manière à éviter les mouvements de
jointure en imprimant à la cuisse ou plutôt au bassin un mouvement de circumduction ; douleur à l
hanche et au genou. Il existe une contracture tr
accentuée des voies génitales. Plusieurs fois, l'e
ploration par le spéculum a été tentée et toujor
sans résultat ; on n'a réussi qu'à provoquer d
crises.

« De plus, Élisa F... présente à un haut degré
diathèse de contracture. Il suffit, même à l'état
veille, de presser assez légèrement un de ses me
bres pour le voir se contracturer.

« L'hypnotisation fut pratiquée dès le débi
Pour produire le sommeil, il suffit d'appliquer
main à plat sur le front en disant de dormir. L
sommeil fut facile à obtenir, et après trois séance
la malade dormait au quatrième degré, avec oubl
au réveil.

« L'hypnotisme fut aidé par l'application de plaques métalliques sur la cuisse et de camphre sur l'abdomen.

« Les effets ne tardèrent pas à se manifester ; certains symptômes disparurent au bout de quelques jours ; d'autres furent un peu plus persistants.

« Les crises convulsives cessèrent après trois séances. La malade ne présenta que trois grandes crises dans les premiers jours de son arrivée à Rochefort ; depuis cette époque, aucune crise hystéroépileptique ne s'est manifestée.

« La coxalgie avait disparu après quinze jours de traitement. Plusieurs chirurgiens de mes amis, invités à voir cette femme, n'ont pas hésité à déclarer que, si elle avait été entre leurs mains, ils l'auraient immobilisée dans une gouttière.

« Les vomissements qui se produisaient tous les matins depuis de longues années furent arrêtés après trois ou quatre suggestions. La gastralgie disparut ; l'appétit ne tarda pas à se manifester.

« Les règles, qui étaient à peu près supprimées, ou du moins très irrégulières, furent rappelées ; elles ont apparu au jour fixé et se sont arrêtées à

CULLERRE. Thérapeut. suggestive. 6

la parole. Elles se sont bien régularisées et, tous les mois, le travail menstruel s'effectue d'une manière normale.

« Les selles étaient facilement provoquées, on ordonnait à la malade d'avoir trois ou quatre selles dans la journée, et rarement l'effet était manqué.

« Le sommeil remplaça bientôt l'insomnie, et la migraine, qui était constante, disparut (1). »

« Il est rare, je l'affirme, dit aussi M. Bernheim, que la suggestion hypnotique n'arrive pas à débarrasser les malades des principales manifestations de l'hystérie. Les grandes crises cèdent quelquefois, comme par enchantement, à un petit nombre de séances ; si elles résistent quelque temps, avec de la persévérance, on en vient toujours à bout, surtout si on peut suivre les sujets, diminuer leur impressionnabilité nerveuse, réprimer les crises imminentes, au moment où elles veulent se produire (2). »

Sans doute, les auteurs que nous venons de citer

(1) Burot, *Revue de l'hypnotisme*, juin 1887 (observation résumée).
(2) Bernheim, *Hypnotisme, suggestion, psychothérapie*. Paris, 1891.

ne prétendent pas que les guérisons ainsi obtenues soient radicales et définitives. Il peut se produire des rechutes, mais cette éventualité est la consé-quence inévitable du tempérament névropathique des sujets, de l'impressionnabilité anormale de leur système nerveux ; encore cette impressionnabilité elle-même peut-elle être émoussée par la suggestion au point de résister aux ébranlements auxquels, sans elle, elle n'eût pas manqué de succomber.

Un des éléments les plus importants de réussite, dans l'application de la suggestion, c'est que le trouble qu'elle a pour but de faire disparaître ne soit pas ancien. Plus ce trouble est récent, plus la suggestion aura d'empire sur lui ; plus au contraire il sera enraciné et plus l'action suggestive sera incer-taine et aura besoin d'être renouvelée. C'est ce qui fait que chez les vieilles hystériques il soit si facile de faire disparaître une surdité, une amaurose, un mutisme accidentels, alors que les accidents plus anciennement installés, comme l'attaque convul-sive, l'attaque délirante, etc., sont si tenaces et parfois si réfractaires à la suggestion.

Le professeur Charcot a bien mis ce fait en lu-mière à propos des contractures hystériques. Après

avoir établi que les contractures spontanées ne dif-
fèrent en rien de celles qu'on peut provoquer par
suggestion hypnotique, si ce n'est qu'elles sont
plus durables et souvent inaccessibles à tous les
moyens thérapeutiques, il déclare que, dans son
opinion, cette particularité résulte de ce que les
contractures artificielles sont traitées et guéries
presque aussitôt qu'elles ont été produites, tandis
que les contractures spontanées ne sont combattues
que tardivement, alors qu'elles ont pris droit de
domicile et qu'il s'est constitué une sorte d'accou-
tumance.

« Je ne connais, ajoute-t-il, pas de faits contraires à cette opinion, en faveur de laquelle je
puis alléguer que, dans notre service, où, à la suite
d'accès convulsifs, de chutes, etc., les contractures
naissent fréquemment, nous ne les voyons jamais
persister, par la simple raison qu'elles sont combattues à l'état naissant, aussitôt qu'elles apparaissent. »

II

ATTAQUES CONVULSIVES

Contrairement à l'opinion de M. le professeur Mierzejewski, M. Lowenfeld, de Wilna, a soutenu au Congrès de Berlin que c'est dans la grande hystérie que la suggestion trouve une de ses principales indications et qu'elle constitue contre les attaques convulsives un traitement d'une efficacité presque souveraine. Il a pu en constater personnellement les bons résultats et recueillir des observations très concluantes (1).

C'est aussi l'opinion des plus expérimentés parmi les hypnotiseurs. Nous avons vu, dans le paragraphe précédent, ce que pense à ce sujet M. Bérillon. Voici l'opinion de M. Bernheim :

« Il m'arrive souvent d'enrayer instantanément ou en peu de minutes, les crises d'hystérie qui se développent en ma présence dans mon service d'hôpital ; il me suffit en général de dire : « C'est fini. » La crise s'arrête. « Réveillez-vous. » Ou bien je dis aux personnes présentes : « Vous allez

(1) Lowenfeld, *Congrès de Berlin*, 1890.

voir comme elle va se réveiller. » S'il y a douleur épigastrique ou constriction laryngée, j'applique la main sur la région douloureuse et je dis : « J'enlève la douleur ; vous respirez bien. C'est tout à fait fini. » Il est rare que la suggestion n'arrive pas à mettre fin très rapidement à la crise. Quand on a réussi une première fois à l'enrayer, avec plus ou moins de facilité, on réussit en général beaucoup plus vite et plus aisément à chaque accès ultérieur.

« Dernièrement, je faisais, avec quelques confrères de l'Hôtel-Dieu, à Paris, quelques expériences qui ont eu dans la presse politique un trop grand retentissement. Une hystérique du service de M. Mesnet, à la suite d'une discussion avec une autre hystérique, fut prise d'un accès intense, se roulant à terre, se débattant dans les grandes convulsions. Les élèves présents n'arrivaient pas à la maintenir. J'eus peine à l'approcher, tant elle s'agitait avec violence, je dis à haute voix : « Dans une minute, elle se réveillera et tout sera fini. Elle sera très bien. » Au bout d'une minute, en effet, elle était debout. L'accès était coupé. L'autre malade, ayant eu par imitation une crise de sommeil hystérique,

fut réveillée de même par simple affirmation par
le Dr Dumontpallier. Cette pratique est devenue
usuelle dans mon service. Mes internes et même
les sœurs arrêtent par suggestion les crises hystériques qui se développent dans mes salles (1). »

Pour que les conditions soient tout à fait favorables, il faut que l'hystérie soit récente, et qu'elle
soit d'origine accidentelle, causée par exemple par
une violente émotion morale. Alors, selon l'avis du
savant professeur de Nancy, une seule ou un petit
nombre de séances suffisent pour arriver à une
guérison complète. Mais si l'hystérie est ancienne,
profondément enracinée, ou d'origine héréditaire,
les résultats se font attendre plusieurs semaines,
et même plusieurs mois.

L'observation suivante, du même auteur, donne
une idée de la puissance de la suggestion vis-à-vis
des accidents convulsifs de l'hystérie :

« Pendant que je l'examinais, la malade, très
impressionnable, a une nouvelle crise qui débute
toujours par des contorsions et des grands mouvements avec occlusion des yeux et arc de cercle

_____

(1) Bernheim, *loc. cit.*

sur le côté gauche. Pendant la crise, j'affirme qu'il
y a un point sur la région frontale dont la compression arrête la crise. Je presse ce point arbitraire et la crise en effet s'arrête instantanément ;
la malade ouvre les yeux sans se souvenir de rien.
J'affirme alors que la compression d'un point en
face sur l'occiput réveille la crise. Je comprime
cette région, aussitôt survient une angoisse douloureuse, une constriction épigastrique et laryngée ;
les yeux se ferment ; le corps se renverse en arrière,
puis sur le côté gauche, avec de grands mouvements cloniques. Après trois minutes de convulsions, je dis que la malade va entrer dans une
nouvelle phase, qu'elle voit des hommes qui se
battent, un incendie qui éclate autour d'elle. Bientôt,
en effet, la face exprime la terreur, elle se cache
sous les draps, jette des cris. Alors je dis qu'elle va
avoir des hallucinations gaies ; elle va voir des
hommes qui dansent et des diablotins qui la cha-
touillent au cou et qui la font rire. En effet, sa face
change d'expression et est agitée par les grimaces
d'un rire provoqué. Cela fait, je provoque par
suggestion une nouvelle phase avec contractures et
grands mouvements, au milieu de laquelle, après

deux minutes de contorsion, j'arrête brusquemènt la crise par l'attouchement du point frontal (1). »

Je ne voudrais, en quoi que ce soit, affaiblir la portée de ce qui précède. Le langage de M. Bernheim est persuasif, sa sincérité est hors de doute, et pourtant, quand on a soi-même expérimenté, on ne peut partager entièrement son optimisme.

De nombreuses observations, en particulier celles si remarquables de cet auteur, nous montrent la possibilité de supprimer chez les hystériques les crises convulsives; mais les échecs existent également en grand nombre. Il est fréquent de voir des sujets chez qui il est possible de faire disparaître divers symptômes de la névrose alors que la crise persiste ou inversement. Il n'est pas rare non plus d'en voir chez qui on échoue d'une façon totale. Mon observation personnelle n'est pas très étendue, mais elle n'est guère encourageante : si chez les hystéro-épileptiques, j'ai pu obtenir la disparition de nombreux accidents de la névrose, j'ai toujours été impuissant en face des attaques. J'ajoute que ces dernières surviennent souvent d'une façon

---

(1) Bernheim, *loc. cit.*

inopportune pour enrayer ou détruire l'effet de la
suggestion favorable. Ainsi que le dit M. Bernheim
lui-même : « l'auto - suggestion éveillée par des
impressions diverses, par des associations fortuites
de sensations, tend à régénérer sans cesse les désordres fonctionnels. »

Les rechutes, en tous cas, sont fréquentes ; et il
faut une opiniâtreté et une patience sans égales
pour arriver à modifier un état pathologique aussi
profondément enraciné.

Il faut parfois avoir recours à des artifices pour
faire accepter la suggestion curative. Dans certains
cas, on ne réussira pas si on suggère purement et
simplement la disparition des crises ; on arrivera
au but, au contraire, en graduant l'effet désiré, en
suggérant, par exemple, au malade de n'avoir pas
d'attaque avant un certain délai, et en augmentant
ce délai à chaque séance. Dans une observation du
Dr Besse, ce procédé a réussi à éloigner successivement les crises, en les ajournant à 3, 8, 10 jours(1).

Parmi les manifestations de la crise hystérique,
l'attaque de somnambulisme est assurément une des
plus graves. Elle se présente le plus souvent sous

(1) Besse, *Revue de l'hypnotisme*, 1889.

forme d'accès de courte durée, ordinairement noc-
turnes accompagnés de délire actif et parfois précé-
dés d'accidents convulsifs ou spasmodiques. Dans
d'autres cas, l'accès somnambulique survient sans
prodômes, sans transition appréciable ; on ne s'aper-
çoit de la crise qu'au changement d'allures du malade ; elle se prolonge plusieurs heures, plusieurs
jours, parfois plusieurs mois, comme dans le cas
de Félida, rapporté par M. Azam (1), et constitue
en quelque sorte pour le malade un dédoublement
de l'existence avec double conscience ; l'une des périodes constitue l'état normal, l'autre la vie somnambulique. La littérature hypnotique n'est pas
riche en faits de ce genre traités par la suggestion.

Dans un cas caractérisé par des crises convulsives
et des accès de noctambulisme observé chez une
jeune fille de vingt-deux ans, M. Bernheim a obtenu
la guérison en quelques séances. A la suite des premières séances, l'accès somnambulique survint, mais
avorta aussitôt ; bientôt toutes les manifestations
hystériques diparurent d'une façon définitive (2).

(1) Azam, *Hypnotisme, double conscience, aliénation de la
personnalité.* Paris, 1887.
(2) Bernheim, *De la suggestion et de ses applications à la
thérapeutique,* 2e édition.

On doit à M. Ladame une observation de somnambulisme avec dédoublement de la personnalité guéri
par la suggestion hypnotique. Il s'agissait d'une
jeune fille de vingt-sept ans, hystérique héréditaire,
qui, à la suite de grandes frayeurs, fut prise d'attaques de sommeil, suivies de somnambulisme lucide sous forme d'accès d'une durée plus ou moins
longue. Pendant *l'état second*, la malade changeait
complètement de caractère. Douce, aimable et un
peu molle à l'état normal, elle devenait impatiente,
méchante, impétueuse, mais active et travailleuse.

Après de longs délais, elle consentit enfin à se soumettre à la suggestion hypnotique. En trois séances
elles fut débarrassée de ses accès somnambuliques
et des autres manifestations de la névrose (1).

Quant à nous, nous n'avons pas été aussi heureux.
En deux ans, nous avons eu, par un concours assez
rare de circonstances, à soigner trois hystériques
atteintes de somnambulisme sous des aspects divers ; l'une sous la forme de somnambulisme, les
deux autres sous la forme de vie somnambulique ou
d'état second; bien qu'à l'aide de la suggestion hypnotique il nous ait été facile d'atténuer ou de faire

(1) Ladame, *Revue de l'hypnotisme*, 1888.

disparaitre nombre de symptômes hystériques, nous avons toujours échoué quand nous nous sommes adressés à la crise somnambulique elle-même. Deux ont cependant guéri par d'autres moyens (1).

III

TROUBLES DE LA MOTILITÉ.

Les contractures, les paralysies que l'on rencontre si fréquemment dans l'hystérie sont au premier rang des accidents justiciables du sommeil hypnotique et de la suggestion. Par leurs publications, MM. Charcot, Mesnet, Proust, Paul Richer, Ballet, Charles Richet, Grasset et bien d'autres en ont fourni d'abondantes preuves.

J'oublie Braid, qui devrait être cité en tête de la liste précédente. Il raconte qu'à la suite d'une grossesse très pénible, une dame de trente-trois ans vit ses jambes devenir de plus en plus faibles, et, finalement, être frappées de paraplégie avec anesthésie. Pendant quatre mois on tenta, sans ré-

(1) A. Cullerre, *Un cas de somnambulisme hystérique spontané et provoqué.* (*Annales méd. psych.* 1888.)

sultat aucun, les médications les plus diverses.
Lorsque Braid l'examina, non seulement la sensibilité et les mouvements volontaires des jambes et des
pieds étaient abolis, mais encore les genoux étaient
fléchis et rigides, les talons relevés, les pieds courbés
et fixes dans la position d'un varus équin... « Je la
mis, dit-il, en hypnotisme et j'essayai alors de régulariser l'action morbide des muscles et la mauvaise
position des pieds et des jambes. Cinq minutes
après, je la réveillai ; elle se mit à remercier le Ciel
de ce qu'elle sentait le plancher sous elle et de ce
qu'il lui était possible de remuer ses orteils. Je la fis
lever, et, soutenue par son mari d'un côté, par moi
de l'autre, elle put traverser la chambre (1) ». Elle
fut hypnotisée quotidiennement pendant un certain
temps ; l'amélioration fut constante. Au bout de
quinze jours elle marchait seule ; peu de temps
après elle était guérie.

Le Dr van Velsen, de Malines, fut invité à traiter
une jeune fille de dix-sept ans, qui ayant eu, après
des chagrins de famille, une violente crise d'hystérie,
se trouva paralysée du corps tout entier. La para-

_____

(1) Braid, *Neurypnologie. Traité du sommeil nerveux ou
hypnotisme.* Paris, 1883.

lysie était complète, sauf au cou et à la face; de plus il y avait anesthésie généralisée. Il y avait trois ans que la malade était dans cet état. On avait tout essayé : électricité, douches, massage ; l'hypnotisme avait même été tenté sans succès. Malgré ces circonstances défavorables, M. van Velsen reprit le traitement psychique. Le sujet tombait dans un sommeil profond; en moins de six semaines tous les symptômes avaient disparu graduellement, et quatre mois après le début du traitement, la malade était définitivement guérie (1).

Le Dr Raymondaud, de Limoges, a guéri d'une paraplégie hystérique datant de deux années une femme de quarante ans, mère de cinq enfants, bien constituée et bien portante, qui n'avait éprouvé, dans le cours de son existence que de rares accidents d'hystérie convulsive. Le résultat se fit attendre, et ce n'est qu'après un grand nombre de séances de suggestion qu'il se manifesta, mais aussitôt que l'amélioration eût commencé, elle suivit une marche graduellement progressive (2).

Lombroso a publié une série de guérisons de para-

(1) Van Velsen, *Revue de l'hypnotisme*, 1891.
(2) Raymondaud, *ibid.*

lysies hystériques guéries par la suggestion (1).
Ces observations sont intéressantes parce qu'elles
montrent sous quelles formes variées cet agent
doit être employé, selon les sujets, pour produire
les résultats attendus. Dans un cas, la guérison fut
obtenue à l'aide de la suggestion verbale faite pendant
le sommeil léger. La paraplégie datait de six ans,
il fallut un an pour que la guérison fût complète.
Dans un autre cas, la malade refusant de se laisser
endormir, on employa la suggestion indirecte et
l'application d'un aimant, déclaré infaillible, produisit rapidement la guérison. Dans un troisième,
six séances d'hypnotisme vinrent à bout d'une
paraplégie qui pendant cinq ans avait égaré le diagnostic des praticiens.

L'artifice n'est pas moins ingénieux dans l'intéressante observation suivante due à M. Briand,
médecin de l'asile de Villejuif.

« Il s'agit d'une hystérique de quinze ans qui, à
la suite d'un accident de voiture, avait été subitement frappée de paraplégie flasque avec anesthésie
des membres inférieurs. Elle entrait à Villejuif

(1) Lombroso, *Lo Sperimentale*, 1887.

dans le cours d'un accès de dépression mélancolique, évoluant à l'occasion de sa paralysie qui la préoccupait beaucoup. Cette jeune fille ne put jamais être endormie, malgré les nombreuses tentatives, ni à la consultation externe de M. le professeur Charcot, ni dans le service de M. Magnan où elle fit un séjour d'un mois. Nous essayâmes aussi vainement pendant plusieurs semaines et sans plus de succès, de provoquer le sommeil. Un jour que Marie D... se désolait davantage et nous suppliait de la guérir, je lui annonçai, avec assurance, que sa maladie ne pouvait pas durer plus de six mois, qu'un jour elle aurait une attaque qui la débarrasserait et qu'enfin nous pouvions prédire la veille l'heure exacte de l'attaque. Peu après, l'un des externes lui annonça que l'attaque surviendrait avant vingt-quatre heures. Le lendemain matin je feignis de reconnaître à ses yeux qu'elle était sous l'éminence d'une crise et que dans quelques minutes elle serait guérie. Les infirmières, mises au courant de la situation, apportèrent précipitamment des matelas qu'elles étendirent sur le parquet et, à peine avions-nous le dos tourné, que notre petite malade roulait à nos pieds. L'attaque dura

vingt minutes et Marie se releva ayant recouvré
l'usage de ses jambes. L'anesthésie cutanée avait
également cessé. Le mois suivant, toutes ses idées
mélancoliques étant dissipées, cette jeune fille fut
rendue à la liberté (1). »

Voici encore un cas de paraplégie dû à M. Luys,
où, grâce à un artifice, la suggestion, d'abord impuissante, eut un succès complet :

« Il s'agit d'une fille qui, en traitement à l'hôpital pour une congestion pulmonaire, fut prise d'attaques hystéro-épileptiques, à la suite desquelles
elle eut les deux jambes contracturées d'abord,
puis ensuite frappées de paraplégie complète.

« Elle était dans cet état depuis sept mois quand
on essaya la suggestion. La malade fut mise tous
les matins en somnambulisme après avoir préala-
blement passé en léthargie et en catalepsie, et on
lui suggéra de marcher, ce qui eut lieu. Mais la
période de réveil étant arrivée, l'effort s'épuisait et
la malade redevenait de nouveau impotente. On
imagina alors de lui suggérer l'idée, qu'elle devait

(1) Briand, *Note pour servir à l'histoire de la thérapeutique
par suggestion hypnotique.* (Congrès de l'hypnotisme, 1889.)

conserver au réveil, que sa personnalité était chan-
gée, qu'elle était une fille alerte, sa voisine de lit.
La suggestion eut un plein succès, et au bout de
quelques séances, elle allait de mieux en mieux, et
les allures de sa marche, qui étaient hésitantes,
saccadées, devinrent régulières et bien coordon-
nées (1). »

Les contractures consécutives aux attaques d'hystéro-épilepsie cèdent fréquemment à l'emploi de
l'hypnotisme. M. Magnin fait observer qu'on ne
devrait jamais négliger d'essayer ce moyen aussitôt après l'attaque ; car plus la contracture est
de date ancienne, et plus elle sera rebelle aux
procédés employés pour la combattre. Dans les
cas de contractures anciennes et permanentes,
il conseille l'emploi combiné de l'hypnotisme et
des agents esthésiogènes. « Sur la nommée E...,
entre autres, dit-il, nous avons, mon maître et moi,
guéri définitivement et très rapidement, en quelques jours, un pied bot *varus équin* gauche datant
depuis près d'un an et ayant résisté à tous les
modes de traitement successivement employés. La

_____

(1) Luys, *Revue de l'hypnotisme*, 1887.

méthode consistait tout simplement à placer la
malade dans la période cataleptique de l'hypnotisme. Le pied bot réduit au moyen d'une excitation
convenable pour la malade et pour la période (le
souffle dans le cas particulier), le réveil était provoqué. Le pied bot dans ces conditions avait tendance à se reproduire plus ou moins rapidement,
mais le résultat était maintenu très facilement par
l'application (sur la région du jambier antérieur)
d'un métal auquel nous savions la malade sensible.
Grâce à ce moyen, il y avait fixation du résultat
thérapeutique obtenu dans l'hypnotisme. Nous
étions obligés également d'appliquer des plaques
métalliques sur l'avant-bras droit, une contracture
se produisant dans le membre supérieur droit au
moment où l'on faisait disparaître le pied bot du
membre inférieur gauche. Il y avait eu, en d'autres
termes, transfert croisé du membre inférieur d'un
côté au membre supérieur du côté opposé (1). »

Chez une jeune hystérique héréditaire atteinte
de grande hystérie avec attaques convulsives et
diathèse de contracture, s'était développé à la suite

(1) Magnin, *Études cliniques et expérimentales sur l'hypnotisme*, Paris, 1884.

d'un léger accident, raconte le professeur Charcot, dans une de ses leçons (1), un pied bot varus droit avec rigidité du genou et rotation de la cuisse, de telle sorte que le pied se plaçait souvent derrière le talon droit. La rigidité était excessive et persistait jour et nuit. On appliqua la suggestion hypnotique, et il fallut trois mois d'efforts pour obtenir une amélioration durable. La malade entrait en petit hypnotisme. A chaque séance, on obtenait le relâchement de la contracture, le redressement du pied et le rétablissement des mouvements normaux, mais aussitôt réveillée, le pied bot se rétablissait immédiatement : on finit par appliquer la suggestion à jet continu ; un jour une série d'hypnotisations successives fut pratiquée pendant une période de près de trois heures. Durant tout ce temps, les suggestions furent répétées de plus en plus vives, de plus en plus pressantes. Le mal céda, définitivement. Il y avait huit mois que durait la contracture.

Au cours d'une de ses leçons, M. Dumontpallier a présenté en 1890 une jeune malade du service de M. Verneuil, qui, depuis cinq mois, était restée

(1) Charcot, *Revue de l'hypnotisme*, mai 1887.

immobile dans son lit, par suite d'une coxalgie et
d'un pied bot hystériques du côté droit. Invité par
M. Verneuil à traiter cette malade par l'hypnotisme, M. Dumontpallier l'endormit dès la première
séance et, trois jours après, la malade pouvait se
lever et aller le matin, à la visite, au devant de
M. Verneuil.

IV

TROUBLES DE LA SENSIBILITÉ

Les troubles de la sensibilité sensitive et sensorielle comptent parmi les manifestations de l'hystérie les plus fréquentes, et souvent les plus tenaces.
Il en est ainsi, par exemple, pour l'anesthésie des
téguments qui constitue un des meilleurs stigmates
de la maladie. Aucun de ces accidents n'est réfractaire à la suggestion hypnotique.

L'anesthésie d'un membre ou d'un côté du corps
coïncide souvent avec l'affaiblissement de la puissance musculaire des mêmes régions.

Dans ce cas, la restauration de la sensibilité et
l'augmentation de la force dynamométrique sont
souvent obtenues en quelques séances. On verra,

par exemple, la sensibilité au tact revenir à la première séance ; dans une seconde, l'analgésie disparaît à son tour, et dans une troisième, la puissance musculaire a repris son degré normal.

Voici un autre exemple, emprunté à M. Bernheim. Dans un cas de paraplégie incomplète avec anesthésie des jambes, la restauration de la sensibilité fut obtenue en une séance ; la motilité fut rétablie en six séances.

Deux hystériques du service de M. Bernheim avaient une hémianesthésie sensitivo-sensorielle avec amaurose complète du côté gauche : cette amaurose disparut presque instantanément par la suggestion hypnotique. Il n'est pas nécessaire d'ajouter que cette forme de cécité ne relève d'aucune lésion anatomique et que par conséquent elle est facilement justiciable de la suggestion.

La diminution de l'acuité et du champ visuels relèvent des mêmes moyens. Braid cite des exemples bien nets de la restauration de ce sens par le sommeil et la suggestion. L'auteur que nous venons de citer a publié des observations où, dans les hyp-

(1) Bernheim, *De la suggestion et de ses applications à la thérapeutique*, 2º édition.

-notisations successives, on peut suivre le rétablis-
.sement progressif de la vision normale.

. On doit à M. Burot une observation de surdité
double, datant de dix jours, guérie en une seule
.séance par la suggestion. La malade était une jeune
fille de dix-neuf ans, chlorotique, qui, à la suite d'une -
émotion morale vive, avait eu une attaque convul-
.sive légère, suivie d'un affaiblissement progressif
de l'ouïe : elle en était arrivée à ne plus même entendre le bruit de la montre et sa famille était obligée d'écrire pour se faire comprendre.

Dix jours après la crise, M. Burot l'endormit en
appliquant la main sur le front et en faisait l'oc-
.clusion des paupières avec les doigts. Il attendit
sans rien dire, la malade n'entendant pas. Au bout
de dix minutes, il se produisit un léger tremblement dans les membres. Pensant que le moment
était opportun, l'opérateur dit : « A votre réveil,
vous entendrez le nom d'Elisa, quand il sera pro-
noncé. » Au bout de cinq minutes, il réveilla la
malade en lui soufflant sur les yeux. Elle entendit
et la guérison fut définitive (1).

Dans plusieurs cas analogues, j'usai avec succès

(1) Burot, *Revue de l'hypnotisme*, 1889.

de la suggestion écrite, ne pouvant m'adresser à l'ouïe.

Il y a deux ans, j'eus l'occasion de soigner une jeune fille de vingt ans, atteinte d'hystérie héréditaire et qui, outre les crises convulsives et l'anesthésie sensitive presque généralisée, présentait des accès de délire somnambulique et de nombreux troubles psychiques. Sous l'influence de la suggestion et de diverses médications relevant de la suggestion indirecte, une amélioration assez notable se produisit pour qu'elle pût rentrer dans sa famille. Plusieurs mois après, on me la ramenait pour une surdité totale qui l'avait frappée vingt-quatre heures auparavant.

La malade se présenta à moi l'air étonné, un peu ahuri, avec des yeux sans cesse en mouvement, semblant interroger les personnes présentes. A peine assise, elle s'écria : « Depuis hier je suis sourde ; je n'entends absolument rien! » Ce qui me fut confirmé par sa sœur qui l'accompagnait et qui me confia qu'on ne me l'avait amenée que parce qu'elle l'avait exigé, pour ne pas la contrarier, ce nouvel accident paraissant à la famille au-dessus des ressources de l'art. Après m'être assuré de la réalité du symptôme, je pris un crayon et traçai les mots suivants, que je fis lire à la malade : « Je vais vous endormir. Quand je vous réveillerai, vous entendrez comme tout le monde. » Je la plongeai aussitôt en somnambulisme; à son réveil, qui eut lieu au bout de quelques secondes, la malade poussa un soupir de satisfaction et s'écria : « C'est fini, j'entends comme auparavant. »

Le mutisme hystérique est un des phénomènes qui paraissent le plus facilement accessibles à la suggestion. On en trouve dans les journaux un certain nombre de cas traités par ce moyen.

En 1881, le *Courrier médical* donnait une observation intéressante d'aphasie traumatique guérie par l'hypnotisme. En 1882, il publiait une nouvelle observation de mutisme hystérique, due au professeur Herrero, de Valladolid, où la suggestion eut un plein succès.

« Il s'agit d'un homme de trente ans, fort, robuste et intelligent, mais comptant dans sa famille un sourd-muet de naissance et plusieurs personnes névropathiques et hystériques. A la suite de pertes d'argent et de chagrins de famille, il fut pris à trois reprises d'attaques convulsives, à la suite desquelles il demeura absolument muet. Le Dr Herrero, après examen, porta le diagnostic de congestions répétées ou d'hémorrhagie du noyau bulbaire de l'hypoglosse, moins accusée de celui du glosso-pharyngien et peut-être de celui du spinal. Le malade fut néanmoins soumis à l'hypnotisation. Dès la première séance, il pouvait prononcer son nom. Le lendemain on lui faisait la suggestion suivante : « Vous avez absolument retrouvé l'usage de la parole. Votre langue obéit à présent à votre volonté ; elle a désormais toute sa force, ainsi que votre gosier. Vous avalez sans difficulté (le sujet fait des mouvements de déglutition). A l'instant même vous allez prononcer très clairement ces mots : Le dix octobre mil huit cent quatre-vingt-sept. » — Et le malade dit d'une voix claire et nette : « Le dix octobre mil huit cent quatre-vingt-sept. »

La guérison était parfaite et ne s'est pas démentie depuis. Il est évident que la lésion organique diagnostiquée n'existait pas et qu'il s'agissait simplement d'hystérie.

M. le Dr Charazac relate l'observation d'une jeune

fille de dix-huit ans, atteinte de mutisme à la suite
d'une vive douleur éprouvée pendant un mouvement brusque quinze jours après l'ingestion d'une
aiguille. Elle s'imaginait que son impossibilité de
parler était causée par l'aiguille qu'elle avait avalée
et qui s'était logée, d'après elle, dans l'hypocondre
gauche, où elle éprouvait une vive douleur. La
suggestion pendant l'hypnose rendit la parole à la
malade, mais au bout de deux jours il y eut une
rechute, l'aiguille et la douleur, selon elle, s'é-
tant déplacées. La malade ayant été endormie de
nouveau, l'opérateur fit au point douloureux
une injection de morphine, et la douleur aussi
bien que le mutisme disparurent pour ne plus revenir (1).

Plusieurs des syndrômes précédents peuvent
coexister chez le même malade. C'est ce qui se produisit chez deux hystériques de mon service.

Une jeune fille atteinte d'hystérie à grandes
crises suivies de longues périodes délirantes avait
vu, sous l'influence d'une séance quotidienne d'hypnotisme et de suggestion, ses crises disparaître
complètement. La croyant assez bien pour qu'il n'y

(1) Charazac, *Revue de l'hypnotisme*, 1890.

eût pas d'inconvénient à espacer les séances, je restai deux jours sans l'endormir et sans la prévenir de mes intentions. Dans la soirée du second jour elle fut prise à la fois de surdité, de mutisme, de trismus et de torticolis. Mon interne, appelé, ne réussit pas à faire disparaître ces accidents qui persistaient encore le lendemain à la visite. Je rédigeai et lui fis lire la suggestion suivante : « Je vais vous endormir ; je vous réveillerai en vous soufflant sur les yeux, et alors vous pourrez entendre. » Cette suggestion écrite eut un plein succès. Il me fut ensuite facile, par suggestion verbale, de faire disparaître le mutisme et les symptômes spasmodiques.

Une hystéro-épileptique présentant simultanément des crises convulsives, des attaques prolongées de somnambulisme, des accès de délire hallucinatoire intense et une foule d'accidents hystériques légers ou graves dont il serait trop long de faire l'énumération, tombe un soir en léthargie. Dans des circonstances analogues l'approche d'un aimant ayant réussi à la réveiller, j'essaye de ce moyen d'abord sans succès. Ayant approché seulement le pôle positif, j'obtins le réveil en quelques

minutes(1), mais la malade insensible à toute excitation, se contente de faire des signes avec les
yeux, elle est paralysée de tout le corps, sourde et
muette. J'écris alors et lui fait lire la suggestion
suivante : « Je vais vous endormir. Quand je vous
réveillerai, vous pourrez entendre et parler. » Elle
est endormie par l'action du pôle négatif approché
de son front puis réveillée par le pôle positif. Elle
fait aussitôt signe qu'elle entend, mais fait vainement des efforts pour parler : elle ne peut ni arti-

(1) Cette expérience m'ayant vivement intéressé, je fis aussitôt la contre-expérience, c'est-à-dire que j'approchai le pôle
négatif du front de la patiente, et au bout de quelques minutes elle était retombée dans son état léthargique. Je me
suis ensuite servi de ce moyen dans le cours de la séance
pour provoquer ou suspendre le sommeil chez la malade.
     Je n'en veux tirer aucune conclusion au point de vue de
la *polarité humaine*, n'ayant pas eu jusqu'ici le loisir d'étudier
pratiquement cette question. Je dois cependant faire remarquer que cette expérience a eu lieu dans des conditions
exceptionnelles qui lui donnent une réelle valeur : je l'ai
faite sans l'avoir préméditée, sans y penser en quelque sorte,
assisté seulement de mon interne, qui à ce moment ignorait
ce qu'on désigne sous le nom de polarité humaine, et qui ne
l'apprit qu'après l'expérience et d'une religieuse encore bien
plus étrangère à toutes les questions de magnétisme et
d'hypnotisme. C'est elle qui, ayant à plusieurs reprises sus-
pendu des accidents divers chez cette malade par l'approche
de l'aimant, me suggéra d'essayer ce moyen qu'elle avait
employé au hasard, comme elle m'avait vu faire, du reste,
à diverses reprises.

culer ni tirer la langue. Une seconde suggestion faite verbalement dans les mêmes conditions que la première fois est suivie d'un plein succès. La malade réveillée parle avec difficulté d'abord, puis de plus en plus distinctement ; elle nous dit qu'elle ne sent plus son corps ; qu'elle ne peut remuer bras et jambes, qu'elle ne les sent plus. Nouvelle suggestion : « Je vais vous endormir. Quand je vous réveillerai, vous aurez retrouvé vos membres, vous les sentirez et pourrez vous en servir. » Succès complet.

Chez cette malade, si sensible en apparence aux suggestions, je n'ai jamais pu, par ce moyen, prévenir une attaque convulsive ou un accès somnambulique.

V

HYSTÉRIE VISCÉRALE

L'anorexie hystérique est un des symptômes les plus pénibles de la névrose, en même temps qu'un des plus graves, car il compromet à la longue l'existence.

M. Bernheim a publié plusieurs cas d'anorexie

hystérique traités avec succès par la suggestion hypnotique.

L'un des plus intéressants est celui d'un jeune garçon de quinze ans affecté depuis trois ans de vomissements hystériques, durant en dernier lieu depuis deux mois. Il avait en outre des attaques d'hystérie convulsive, une céphalalgie continue, et divers autres symptômes appartenant à la même névrose.

« J'essaie immédiatement la suggestion à onze heures du matin ; je suggère le sommeil. L'enfant résiste d'abord, il est inquiet, il rouvre à chaque instant les yeux. Je le calme, j'éloigne de son esprit toute inquiétude, je lui dis qu'il va dormir du sommeil ordinaire pendant une heure, tout seul, et qu'il sera guéri, qu'il ne vomira plus, n'aura plus ni crises, ni douleur. Les yeux restent clos ; je lui dis de continuer à dormir tranquillement et le laisse.

« Il parut dormir jusqu'à midi. Vers midi et demi, il eut une crise de pleurs qui persista jusqu'à trois heures, avec douleurs épigastriques et abdominales qu'il ne peut définir. Après cela, il déclara avoir faim, mangea un œuf, du fromage, deux morceaux de pain et but un verre de vin sans vomir. Il n'avait pas mangé depuis soixante-cinq jours ; il n'avait pris que du lait pendant son sommeil. Une heure après il prit du bouillon et un morceau de viande ; il dormit toute la nuit.

« Je le vois le 15 au matin. Il a pris son café au lait, se trouve bien et n'accuse aucune douleur. Je lui demande pourquoi il a pleuré. Il me raconte qu'un médecin qu'il avait consulté récemment lui avait dit que quand il pourrait pleurer, il serait guéri. Il avait donc associé la suggestion involontaire faite par le médecin à celle que je lui avais faite ; son imagination, actionnée par ce souvenir, avait évoqué ce mécanisme de guérison (1). »

Une fille que la suggestion avait débarrassée de douleurs névralgiques diverses présentait pour la viande un dégoût insurmontable que la suggestion ne put vaincre, bien que la malade promit chaque fois d'en manger. Réveillée, elle n'en faisait rien. Un jour, M. Bernheim employa le subterfuge suivant : il lui suggéra qu'elle était sa propre tante.

(1) Bernheim, *Observations de thérapeutique suggestive.* (*Revue de l'hypnotisme*, 1891.)

« Et maintenant, lui dit-il, la voici, votre nièce,
faites-lui un peu la leçon! Elle ne veut pas manger
de la viande. Montrez-lui comment on la mange! »
Aussitôt la malade se mit dans son rôle de tante,
fit un sermon en règle à sa nièce, et avala avec
plaisir un gros morceau de bouilli. Quelques jours
après elle était guérie (1).

On n'est pas toujours aussi heureux ; souvent la
suggestion réussit contre certains symptômes et
échoue contre d'autres. Dans un cas, le même auteur réussit à faire disparaître les vomissements
hystériques sans pouvoir modifier les autres troubles analgésiques, névralgiques, cardiaques, et gastro-intestinaux.

Dans un autre cas du même auteur, il s'agit d'une
fille de vingt-deux ans atteinte d'hystérie convulsive
qui fut prise d'un spasme de la région inférieure
de l'œsophage, qui mettait presque complètement
obstacle au passage des aliments. Elle en arriva à ne
pouvoir absorber que quelques liquides. Depuis trois
mois, la gêne était continue ; la malade ne pouvait
prendre dans les vingt-quatre heures qu'une tasse

(1) Bernheim, *De la suggestion et de ses applications à la
thérapeutique*, 2ᵉ édition, Paris.

de bouillon et trois petits verres de malaga en tout; le reste, même le lait, ne passait pas. La suggestion hypnotique la guérit en trois séances, et quand elle sortit de l'hôpital, elle mangeait sans difficulté toutes sortes d'aliments (1).

M. Janet a présenté à la Société clinique de Paris le fait, des plus intéressants, que nous allons résumer brièvement :

Il s'agit d'une personne sans antécédents héréditaires bien nets chez qui l'hystérie se manifesta dès l'âge de treize ans par une chorée généralisée avec anesthésie totale. Ces accidents disparurent à quatorze ans en même temps qu'apparaissaient les règles. A quinze ans, nouvelle attaque d'hémichorée gauche avec hémianesthésie du même côté qui disparaît au bout de quelques mois. A vingt ans, retour de l'anesthésie totale avec apparition de crises hystériques alternant avec des crises de sommeil.

Peu de temps après, la malade est prise d'une anorexie de plus en plus intense se tranformant en dysphagie absolue. La vue seule d'un verre

(1) Bernheim, *Observations de thérapeutique suggestive.* (*Revue de l'hypnotisme*, 1891.)

d'eau ou d'une cuillerée de bouillon déterminait chez elle des efforts de vomissements. Pendant quinze mois on la nourrit à la sonde, mais elle renvoyait les aliments injectés. Elle ne tarda pas à tomber dans un affaiblissement profond.

Elle ne put plus uriner seule, elle devint para-, lytique et arriva à une émaciation extrême.

Ce fut dans ces conditions que M. Janet essaya de l'endormir. L'hypnose fut facile et il put obtenir une phase somnambulique pendant laquelle la dysphagie disparaissait entièrement permettant ainsi à la malade de se nourrir copieusement deux fois par jour.

Une amélioration sensible ne tarda pas à survenir, mais la dysphagie persistait à l'état de veille. M. Janet eut alors l'idée de la réveiller progressivement pendant ses repas et de la faire manger chaque jour dans un état de plus en plus voisin de la veille.

Ce traitement fut très long, et ce ne fut qu'au bout de dix-huit mois que l'on put se dispenser de l'endormir à chacun de ses repas.

Au bout de quelques mois, il y eut une rechute. M. Janet reprit son traitement par suggestion;

mais, pour s'éviter la peine de l'endormir et de la réveiller à chacun de ses repas, il prit le parti de la laisser indéfiniment dans son état somnambulique, ce qui ne fut obtenu que progressivement.

Cette fois, on ne put obtenir la disparition de la dysphagie, et on fut forcé de laisser la malade indéfiniment en somnambulisme.

La malade vit ainsi dans une sorte de condition seconde, qui ne laisse pas que d'avoir des inconvénients. Une fois réveillée, elle présente un oubli absolu de tout ce qui s'est passé pendant les longues périodes de sommeil et se trouve immédiatement transportée au jour et à l'heure où elle a été endormie pour la dernière fois (1).

Les spasmes des organes urinaires relèvent habituellement de l'hystérie. Ils donnent lieu, surtout chez l'homme, à des errreurs de diagnostic qui peuvent être grandement préjudiciables au malade que l'on traite pour un rétrécissement de l'urèthre qui n'existe pas.

En 1886, M. Ch. Richet a présenté à la Société de biologie au nom de M. Ramey, médecin aide-major à l'hôpital Saint-Martin, l'observation d'un

(1) Janet, *Revue de l'hypnotisme*, 1889.

jeune soldat qui, depuis des années, présentait
des troubles de la miction : difficulté d'urine, alternant avec des mictions plus fréquentes qu'à
l'état normal, mictions douloureuses, jet d'urine
le plus souvent filiforme et parfois rétention complète.

En novembre 1885, D...... est pris d'une rétention complète d'urine ; au Gros-Caillou, on le croit
atteint de rétrécissement et on pratique l'uré-
throtomie interne. Les accidents, momentanément
amendés, ne tardèrent pas à reparaître. Envoyé à
l'hôpital Saint-Martin, on constate qu'il est frappé,
à gauche, d'hémianesthésie à sensitivo-sensorielle
et que ces symptômes peuvent être transférés par
les esthésiogènes. L'hystérie, en conséquence, est
rendue responsable du spasme uréthral et le traitement par l'hypnotisme et la suggestion est pro-
posé et accepté. D..... est mis en somnambulisme
par la fixation du regard. Automate parfait, il
adopte sans discussion toutes les idées qu'on lui
impose. On lui suggère la suppression du spasme,
et dès la première suggestion la guérison est complète et définitive.

Un interne de M. le Dr Mesnet, M. Roux, a publié

dans la *Revue de l'hypnotisme* un cas quelque peu différent. Il s'agissait d'un jeune homme de vingt et un ans, hystérique hémianesthésique à gauche, atteint fréquemment de contractures musculaires, qui, sous l'influence de mauvaises habitudes, vit se développer dans le canal de l'urèthre une sorte de névralgie revenant par crises sous forme d'élancements très douloureux accompagnés de divers symptômes neurasthéniques, tels que troubles de la vue et de l'ouïe, sueurs localisées, obnubilation passagère de l'intelligence. Ces crises survenaient de dix à quarante fois par jour. Ce jeune homme fut soumis à divers traitements sans résultat. Une cystite du col survint même à la suite de dilatation progressive de l'urèthre.

M. Mesnet essaya de l'endormir sans y parvenir. En répétant les tentatives, on arriva à produire un engourdissement pendant lequel la suggestion fut essayée et produisit du mieux au bout de quelques jours. Après quatre mois de traitement, la guérison était obtenue : elle s'est maintenue depuis (1).

Tous les phénomènes hystériques peuvent se

(1) Roux, *Revue de l'hypnotisme*, 1889.

présenter isolément et constituer à eux seuls l'unique signe objectif de l'existence de la névrose (hystérie mono-symptomatique).

La polyurie peut constituer à elle seule un de ces syndromes.

M. Babinski a communiqué à la Société médicale des hôpitaux un cas de polyurie hystérique guéri par la suggestion hypnotique. Il s'agissait d'un individu présentant la plupart des stigmates hystériques et sujet à des attaques dans lesquelles la phase délirante jouait un rôle prépondérant. La polyurie avait débuté brusquement à la suite d'un repas copieux. Bientôt ses forces diminuèrent, il se manifesta de la polydipsie et de la polyphagie; il rendait de six à huit litres d'urine dans les vingt-quatre heures. Il a été possible, à l'aide de la suggestion pratiquée dans l'état hypnotique, de faire disparaître cette polyurie, de la faire reparaître ensuite, et, après avoir renouvelé à diverses reprises et avec succès ces expériences, d'arrêter cette polyurie d'une façon définitive (1).

Dans un cas relaté par M. A. Mathieu à la Société médicale des hôpitaux l'action de la suggestion sur

(1) *Revue de l'hypnotisme*, 1892.

la polyurie a présenté des particularités intéressantes (2).

Un homme de trente ans, hystérique peut-être, névropathique à coup sûr, atteint de polyurie et rendant de vingt-deux à vingt-cinq litres d'urine par vingt-quatre heures, fut traité en 1891 par M. Lancereaux à l'aide de l'extrait de valériane et quitta l'hôpital légèrement amélioré, ne rendant plus que quatorze litres.

Le 14 janvier 1892, il revenait dans le même service, urinant de nouveau vingt-cinq litres par jour. Le malade avait bon appétit, mais était tourmenté par une polydipsie impérieuse. Ses urines ne contenaient ni sucre ni albumine.

Le 26 janvier, M. Lancereaux lui prescrivit 4 grammes de phénacétine, mais au bout de deux jours, les cachets de phénacétine furent remplacés à l'insu de tout le monde par du chlorure de sodium (sel marin) grâce à un subterfuge de l'interne du service. Le résultat fut remarquable; quinze jours après, la polyurie était réduite à onze litres, puis à neuf, huit, et enfin sept litres.

Tout le monde était émerveillé quand l'interne

(1) A. Mathieu, *Société médicale des hôpitaux*, 11 mars 1892.

fit connaître la supercherie. Aussitôt l'amélioration disparut, la polyurie reprit une marche ascendante, et le malade, vexé d'avoir été trompé, quitta le service.

L'influence positive de ce qu'on pourrait appeler la suggestion par illusion, fait observer M. A. Mathieu, par opposition à la suggestion impérative est, dans le cas précédent, évidente; on peut encore en tirer un argument en faveur de la nature hystérique de ce syndrôme, soutenue par MM. Debove et Babinski dans des communications diverses.

L'hystérie, on le sait, peut se larver sous le masque de l'angine de poitrine et donner lieu à des erreurs de diagnostic et à des médications bien inopportunes pendant lesquelles la maladie s'enracine et finit par prendre des allures inquiétantes. C'est ce qui arriva chez une malade heureusement guérie par M. Bernheim. Il s'agissait d'une jeune femme âgée de vingt-trois ans qui fut prise subitement, sans cause appréciable, pendant une promenade, d'un premier accès pseudo-angineux à la suite duquel il lui resta, au cinquième espace intercostal sur la ligne mamillaire, un point douloureux qui ne pouvait supporter le moindre attouchement sans arracher des cris à la malade.

M. Bernheim diagnostiqua une pseudo-angine de poitrine hystérique, mais son avis ne prévalut pas ; on crut tour à tour à une myocardite, à une affection rhumatismale du cœur. La maladie s'aggrava ; au bout de deux ans, la malade devenue morphinomane, puis cocaïnomane, était tombée dans un marasme profond, et la répétition des crises mettait ses jours en danger. La suggestion hypnotique fut enfin acceptée. M. Bernheim essaya d'arrêter la crise en affirmant à la malade que tout allait se passer, que cela était purement nerveux, etc. La suggestion douce n'ayant pas d'effet, l'opérateur parla d'un ton impérieux, essaya de brusquer la malade. Rien n'y fit, la crise continua et le lendemain, la malade, indisposée, voulut rentrer chez elle.

On eut de la peine à la décider à se soumettre de nouveau à la suggestion. Cette fois, M. Bernheim procéda par insinuation douce ; il expliqua que la suggestion n'avait pu réussir pendant la crise, mais qu'elle devait réussir maintenant. Puis elle fut endormie sans difficulté ; elle dormait d'un sommeil profond; alors, parlant avec assurance, l'auteur affirma la disparition des douleurs et des crises. Au réveil, toute douleur avait disparu, la suggestion dura quatre semaines, mais dès la première séance, les crises de douleur avec accélération respiratoire avaient définitivement disparu sans tendance au retour (1).

(1) Bernheim, *Revue de l'hypnotisme*, 1891.

CHAPITRE III

La suggestion hypnotique dans divers troubles fonctionnels du système nerveux

I

NEURASTHÉNIE

Les guérisons ou améliorations de syndrômes neurasthéniques par le traitement psychique sont assez nombreuses dans les ouvrages de M. Bernheim ; elles sont rares ailleurs. Parmi les observations de cet auteur, un certain nombre appartiennent évidemment à l'hystérie, et devraient, par conséquent, ne pas figurer sous la rubrique *neurasthénie* ; dans les autres, nous voyons qu'il y avait prédominance d'un symptôme, que les accidents se développaient autour d'un trouble fonctionnel principal, névralgies fixes ou erratiques, vomissements, tristesse hypocondriaque, oppression, vertiges et que la guérison a été obtenue en s'adressant à ce trouble.

principal, ce qui confirme ce que nous savons du
mécanisme pour lequel agit la suggestion.

La neurasthénie est une affection à marche insi-
dieuse, à évolution lente, qu'on ne songe à soigner
que quand elle est déjà invétérée; aussi voit-on que
M. Bernheim reconnaît la nécessité d'un traitement
suggestif prolongé, en même temps que de quelques
mesures adjuvantes, parmi lesquelles il place en
première ligne le changement de milieu, la sépara-
tion d'avec la famille, nécessaire pour modifier la
modalité psychique et combattre l'habitude invétérée du malade à s'auto-suggestionner dans le sens
de sa maladie.

Nous voyons, parmi ses observations, quelques
cas d'un grand intérêt, en ce qu'ils jettent un jour
nouveau sur le rôle important du système nerveux
dans les affections gastro-intestinales, rôle aujour-
d'hui trop méconnu et complètement éclipsé par
celui qu'on attribue à l'ectasie et aux perturbations de
la chimie digestive. Cependant, M. Bernheim nous
montre un prétendu dilaté, qui, à la suite d'une
simple indigestion, avait éprouvé des phénomènes
gastriques assez graves pour motiver l'emploi de
vésicatoires, frictions stibiées, cathétérisme de l'œ-

sophage, etc., et qui en trois jours fut guéri par suggestion. La douleur épigastrique, qui était atroce,
disparut et le malade dès lors put manger de tout,
et digérer sans difficulté et sans douleur, grâce au
traitement psychique.

Nous devons à M. Bérillon une observation bien
intéressante de neurasthénie, guérie par la suggestion hypnotique.

« Un officier supérieur, âgé de quarante ans, ma-
rié, père de famille, à la suite d'excès de travail intellectuel et d'une mauvaise hygiène, fut pris de
troubles nerveux qui furent mis, par le professeur
Bouchard, sur le compte d'une dilatation de l'estomac. Il suivit sans bénéfice aucun les traitements
les plus variés; son état s'aggrava. Lorsqu'il vint
consulter, sa nutrition était profondément altérée,
il était pâle, amaigri, presque incapable de marcher.

« Il se plaint d'éprouver les douleurs les plus
diverses et en particulier des céphalalgies intenses
qui ne lui laissent aucun repos.

« Les fonctions digestives sont profondément
troublées. L'appétit est nul; les digestions sont

extrêmement pénibles. Du côté du cœur, il accuse des palpitations fréquentes; de l'angoisse précordiale. Des douleurs s'irradiant dans tout le bras gauche y déterminent une sensation constante d'engourdissement.

« Le malade se plaint aussi d'être atteint d'insomnie. Il passe les nuits entières sans dormir et sans se reposer.

« En un mot, il présente au plus haut degré les manifestations de l'état nerveux chronique que presque tous les neuropathologistes sont d'accord aujourd'hui pour désigner sous le nom de neurasthénie.

« Ce qui donne à son état un certain caractère de gravité, c'est que le malade est en proie à un profond découragement. Se sentant incapable de se livrer au moindre travail intellectuel, il se voit dans la nécessité d'interrompre une carrière qui se présentait pour lui assez brillante. Sous l'influence de ses idées hypocondriaques, il en était arrivé à considérer le suicide comme le seul moyen de se soustraire à ses souffrances. Il déclare qu'il se sent actuellement incapable de toute réaction personnelle et, comme il a suivi avec conscience tous les traite-

0

ments possibles; et il ne veut plus avoir recours qu'à l'hypnotisme.

« Le 23 mai, une première tentative d'hypnotisme est pratiquée sur le malade. Il s'y soumet avec la plus grande docilité. En moins de deux minutes, il tombe dans un sommeil profond. Dans cet état, il présente les phénomènes habituels d'automatisme (catalepsie suggestive et automatisme rotatoire). De plus, il est devenu tout à fait anesthésique à la piqûre de l'épingle :

« Je lui fais alors des suggestions ayant trait à ses idées hypocondriaques. Je lui suggère d'avoir plus d'initiative, d'éprouver le besoin de marcher, de reprendre son activité, d'avoir de l'appétit, de digérer sans fatigue.

« A son réveil, je constate une anmésie complète. Dès le lendemain, le malade accusait une amélioration notable. Il avait déjà pu faire à pied une longue course; ce qui ne lui était arrivé depuis longtemps.

« Les suggestions des jours suivants portèrent sur la disparition des phénomènes douloureux. Pendant le sommeil, recourant à un artifice qui m'a donné souvent d'excellents résultats, je lui fis

exécuter à maintes reprises des exercices gymnas-
tiques des bras.

« Toutes les douleurs éprouvées par le malade
s'atténuèrent rapidement. L'angoisse précordiale et
l'engourdissement du bras furent plus tenaces. Elles
finirent aussi par disparaître complètement. »

« En moins de trois semaines, l'état général de
M. F... était complètement modifié. Son aspect
physique dénotait une amélioration évidente. Le
malade qui, sur mon conseil, s'était pesé dès le
premier jour du traitement, constatait que son poids
était augmenté d'une façon très appréciable.

« L'amélioration de l'état mental avait marché
parallèlement avec celle de l'état physique.

« Les dernières suggestions furent consacrées à
faire disparaître chez le malade toute prédisposition à de nouvelles hypnotisations (1).

« Depuis un an, le commandant F... a repris
son service. Sa guérison ne s'est pas démentie. »

La *maladie des tics convulsifs*, cette affection d'un
pronostic si sombre, caractérisée par de l'incoordi-

---

(1) E. Bérillon, *Congrès d'Oran*, 1887, et *Revue de l'hypnotisme*, 1887-88.

nation motrice avec écholalie et coprolalie, a été, dans un cas dû à M. le Dᵉ Burot, traitée et améliorée par le traitement psychique.

« Il s'agissait d'une jeune fille atteinte depuis l'âge de six ans, de cette étrange affection. A quatorze ans elle a des mouvements incessants dans la tête, dans le cou et dans les bras. Elle pousse des cris et éjacule des mots orduriers. Elle imite et répète la plupart des mots et des bruits qui la frappent, etc. N'ayant pu produire un état hypnotique, même le plus léger, M. Burot se décida à agir tout simplement par *persuasion*.

« Tout les jours, dit-il, je passais avec la malade le plus de temps possible, au moins une heure, en lui persuadant qu'elle serait calme et qu'elle aurait la volonté d'arrêter ses mouvements et ses paroles, qu'elle n'aurait plus ses impulsions et qu'elle ne serait plus obsédée par les mots orduriers ni par l'envie de répéter ce qu'elle entendait. Pour mieux agir, je me plaçais à droite de la malade étendue sur une chaise longue, comme dans la position du sommeil; j'appliquais la paume de ma main gauche sur le front, le pouce et l'index venant com-

primer légèrement et fermer les deux yeux, pendant
que j'exécutais avec la main droite de douces frictions sur les membres. Soumise à cette influence,
elle était beaucoup plus calme, les mouvements
moins violents et les mots prononcés avec moins de
force et de fréquence. Il me suffisait par la suite,
d'être en sa présence pour qu'elle ait l'idée de se re-
tenir et de se dominer, sans effort, sans fatigue et
sans la moindre anxiété respiratoire.

« Grâce à cette persuasion continue, le plus souvent douce mais parfois violente, j'ai pris sur elle un
grand ascendant qui m'a permis de combattre, une
à une, toutes ses mauvaises habitudes. L'état s'est
beaucoup amélioré; il existe bien encore une tendance à répéter et à dire des mots sales, mais ils
sont dissimulés ; les mouvements dans les bras ont
disparu et le caractère s'est considérablement modifié ; elle obéit maintenant du premier coup et sait
se dominer pour faire ce qu'elle veut. Mlle X... vient
de passer récémment quinze jours dans sa famille,
où elle a été très calme et toutes les personnes qui
la connaissent l'ont trouvé transformée. »

Un an après, l'amélioration non seulement s'était

maintenue mais avait encore progressé. Mlle X...
avait repris l'aspect et les manières d'une personne
bien élevée, et pouvait aller dans le monde, au
théâtre, en soirée, sur les places publiques. C'est à
peine si on la voit exécuter de temps à autre de
légers mouvements (1).

II

NÉVRALGIES

Les exemples de guérison de *névralgies faciales*
par la suggestion n'abondent pas dans la littérature hypnotique. Ce serait cependant le cas de
l'essayer en vertu de l'axiome connu : aux grands
maux les grands remèdes. Il est, en effet, peu
d'affections aussi atrocement douloureuses et aussi
réfractaires aux efforts de la thérapeutique.

Le Dr Lajoie, de Nashua (États-Unis), a publié
un cas de névralgie faciale datant de dix ans guérie
par la suggestion.

« Il s'agit d'une femme de trente-deux ans, mère
de famille, sans stigmates hystériques qui depuis

(1) Burot, *Revue de l'hypnotisme*, décembre 1891.

dix ans éprouvait de vives douleurs du côté droit de
la tête ; au début elles n'apparaissaient qu'à intervalles éloignés, puis elles se rapprochèrent sensible-
ment, et depuis quatre ans revenaient tous les jours.
Elles étaient surtout intenses à l'époque des règles.
Le Dr Lajoie résolut d'appliquer le traitement suggestif : à la première séance, la malade fut simplement engourdie et somnolente, néanmoins la suggestion lui procura un répit notable ; dès la seconde
hypnotisation l'amélioration, était marquée ; bientôt
le sommeil devint profond et, après la cinquième
séance, les douleurs disparurent pour ne plus revenir (1). »

La guérison sera-t-elle durable ? C'est ce que le
temps apprendra, l'observation du Dr Lajoie étant
toute récente ; mais, durable ou non, c'est déjà un
assez beau résultat que d'avoir fait disparaître, ne
fût-ce que pour un temps, les cruels tourments de
la névralgie faciale.

Avoir quatre-vingts ans, souffrir depuis vingt ans
d'une atroce névralgie faciale, s'être fait tour à
tour arracher presque toutes les dents, réséquer le

(1) Lajoie, *Revue de l'hypnotisme*, 1891.

nerf susorbitaire ; s'être voué en un mot aux traitements les plus rigoureux sans avoir obtenu le
moindre répit à ses souffrances et guérir subitement et radicalement sous l'influence d'une simple
suggestion à l'état de veille, voilà qui ressemble
fort à un conte des Mille et une Nuits ; et, cependant,
tel est le fait qu'a publié M. Delbœuf. Pour ne pas
affaiblir l'intérêt de son récit, nous lui laissons la
parole.

« Nous trouvons I... affaissé dans son fauteuil,
en proie à ses douleurs. I... a une forte barbe et
des sourcils touffus. Le simple passage de la main
devant la face lui causait, par l'agitation légère des
poils, des crispations horribles. Il nous narre ses
souffrances et sa vie misérable : pas de sommeil,
repas imparfaits, élancements au moindre déplace-
ment d'air. Quand il eût défilé ce triste chapelet,
me tournant vers M. D... :

« Vous voyez cet homme, Monsieur le Docteur,
tous ses maux vont cesser ». Puis — le récit prend
plus de temps que n'a duré l'action — regardant
fixement le patient, je saisis brusquement sa barbe,
et la secoue avec violence, en lui disant : « Vous

n'avez pas mal, vous n'aurez plus mal!.» Il n'avait pas eu mal. Je lui tirai la moustache, les sourcils, je lui pétris sa joue paralysée et l'autre — impassibilité. I.... et sa femme et le docteur; je pourrais ajouter moi-même, sont stupéfiés. Je m'adresse de nouveau à M. D....: «A votre tour, docteur; essayez de lui faire mal, je ne vous regarde ni l'un ni l'autre. » M. D... essaya, ce fut en vain.

En sortant, il me dit : « Ses névralgies reviendront. Pourquoi? répondis-je ». La même prédiction me fut faite par d'autres médecins. Elle ne s'est pas réalisée. Voilà plus de deux ans de cela; I... n'a plus rien ressenti (1) ».

Nous devons à M. Bernhein un certain nombre de guérisons de sciatiques traitées par la suggestion hypnotique.

Un journalier, âgé de cinquante-neuf ans, fut guéri d'une névralgie de cette nature datant de quatre mois en quelques séances.

Un cordonnier de quarante-sept ans, atteint depuis onze jours de douleurs vives dans le domaine des nerfs crural et sciatique, fut guéri en quelques jours.

(1) Delbœuf, *Revue de l'hypnotisme*, novembre 1891.

Chez un machiniste, la douleur névralgique fut enlevée par une seule suggestion.

Dans les observations publiées par l'auteur. le succès n'est pas toujours aussi rapide. Parfois, l'amélioration est très marquée au début, mais ne persiste pas, ou bien elle persiste tant que le membre est maintenu au repos et disparaît dès que le malade essaye de le faire fonctionner de nouveau. Alors la douleur causée par la marche est associée dans l'esprit du malade à cette fonction et l'idée de cette douleur neutralise l'idée contraire suggérée. Il convient alors, d'après le conseil de l'auteur, de renforcer la suggestion et de la déguiser par une pratique matérielle, l'électrisation, la traction continue, etc. Il émet l'avis que ces moyens agissent surtout sur le moral du malade et qu'ils n'ont par eux-mêmes aucune efficacité réelle (1).

Nous citerons encore une observation du Dr Briand, qui ne manque pas d'originalité; il s'agit d'une femme de cinquante-deux ans, alcoolique, qui souffrait depuis plusieurs années d'une névralgie sciatique rebelle à tout traitement. Elle fut endormie très facilement. Pendant son sommeil, M. Briand

---

(1) Bernheim, *Hypnotisme, suggestion, psychothérapie.*

l'entretint des *influences mystérieuses* d'un traitement qu'il se proposait à lui appliquer. A son réveil, elle était guérie et un an après la guérison
ne s'était pas démentie (1).

Parmi les auteurs qui ont encore cité des guérisons ds névralgies par la suggestion hypnotique,
nous citerons M. van Velsen, de Malines (2) et
tembo; de Wilna (3).

III

ÉPILEPSIE

L'épilepsie n'est pas une maladie *une* : c'est un
syndrôme pouvant relever de lésions diverses du
système nerveux, que ces lésions soient congénitales
et diffuses, ou qu'elles soient acquises et localisées.
L'épilepsie qu'on appelle idiopathique n'est même
plus aujourd'hui considérée comme de nature purement fonctionnelle. C'est l'expression symptoma-
tique d'une sclérose névroglique prenant sa source

(1) Briand, *Notes pour servir à l'histoire de la thérapeutique
par suggestion hypnotique.* (*Congrès de l'hypnotisme,* 1889.)
(2) Van Velsen, *Revue de l'hypnotisme,* 1891.
(3) Stembo, *ibid.*

dans une évolution anormale du développement de l'organe cérébral (1).

A priori, on n'est donc pas disposé à admettre que la suggestion hypnotique puisse avoir d'autre action contre l'épilepsie, que celle, d'ailleurs très limitée, dont elle jouit contre les affections organiques du système nerveux.

Il est d'ailleurs, en ce qui concerne l'épilepsie, des difficultés de diagnostic dont on ne se rend pas toujours suffisamment compte ; je n'en veux pour preuve que la récente discussion qui a eu lieu récemment à la Société médicale des hôpitaux, discussion dans laquelle il a été démontré que certains hystériques ont des crises qui ne se distinguent en rien de l'attaque épileptique vulgaire, ce qui a conduit l'un des membres ayant pris part à la discussion à admettre une *épilepsie hystérique* (2) .

Braid, qui préconisa l'hypnotisme contre l'épilepsie, manquait certainement de la rigueur nécessaire dans le diagnostic de cette maladie :

« J'ai trouvé, dit-il, l'hypnotisme utile dans plu-

(1) Chaslin, *Contribution à l'étude de la sclérose cérébrale.* (*Progrès médical*, 1892.)
(2) *Société médicale des hôpitaux*, mai 1892.

sieurs cas de chorée, ainsi que dans des cas de bé-
gaiement nerveux. Il est aussi fréquemment très
utile dans l'épilepsie, mais il y a des variétés de
cette affection sur lesquelles il n'a aucune action.
Ces dernières, je suppose, sont les cas qui dépendent
de causes organiques et qui résistent à tous les
remèdes connus ». Très correct quand il s'exprime
ainsi ; Braid ne l'est plus quand il arrive aux
preuves. Ainsi, voici l'exposé d'une de ses observations :

« Une jeune fille, qui avait six ou huit attaques
dans les vingt-quatre heures, n'en eut plus qu'une
le lendemain de la première opération, elle n'en eut
plus pendant les cinq jours suivants et se trouva
guérie en peu de temps. »

Et c'est tout. En vérité ce n'est pas assez. D'autres, parmi ses guérisons d'épilepsie, quoique un
peu moins succintes, sont absolument invraisem-
blables, si l'on accepte le diagnostic présenté d'ailleurs sous forme de simple affirmation.

On n'a, comme il est facile de le comprendre,
publié que peu de chose sur le traitement suggestif de l'épilepsie.

« Dans les cas d'épilepsie ancienne, assimilée pour ainsi dire par le système nerveux, dit M. Bernheim, la guérison est le plus souvent impossible. J'ai essayé la suggestion hypnotique dans quelques cas d'épilepsie idiopathique déjà ancienne, et je n'ai pas réussi à diminuer le nombre et la fréquence des accès d'une façon bien évidente. Dans deux cas j'ai cru avoir des résultats momentanés; les attaques paraissaient devenir plus rares; mais, malgré la continuation de la suggestion, le résultat ne s'est pas confirmé. »

On voit que l'opinion si autorisée de M. Bernheim n'est pas encourageante. On lui doit cependant une observation de traumatisme du rachis accompagné de commotion cérébrale avec attaques épileptiformes guéri par la suggestion hypnotique; mais les attaques en question, qualifiées d'ailleurs d'épileptiformes par l'auteur, n'avaient vraisemblablement qu'une analogie lointaine avec l'épilepsie véritable.

Dans les publications de M. Luys et en particulier dans la *Revue d'hypnologie*, on trouve plusieurs observations d'épileptiques améliorés ou guéris soit par la *fascination*, soit par le *transfert* Les procédés de l'auteur lui sont spéciaux, néan-

moins ils n'agissent probablement que par suggestion indirecte.

Un de ses épileptiques était guéri depuis dix-huit
mois d'attaques fréquentes à l'aide de la fascination. Les attaques étant revenues à la suite d'une
peur, le même traitement réussit de nouveau à enrayer les attaques.

M. Bouyer, d'Angoulême, a publié l'observation
suivante :

« Alfred F... a vingt-trois ans, il est cordonnier et
habite Angoulême... Il est épileptique depuis l'âge
de dix-sept ans et la fréquence de ses attaques a
toujours été en augmentant ; il en a de quatre à cinq
par mois, et dans le courant d'avril 1886, il est tombé
quatre fois. Je le vois pour la première fois le 30 avril
1886 ; je l'hypnotise sans difficulté ; je lui suggère
qu'il n'aura plus d'attaques et je lui donne des pilules de *mica panis*, lui recommandant de n'en
prendre qu'une seule chaque soir..... J'hypnotise
Alfred F..... tous les trois ou quatre jours et, du
30 avril au 2 juillet, c'est-à-dire pendant plus de
deux mois, il n'a eu que deux attaques, alors qu'il
n'avait quatre ou cinq par mois. Je cesse alors

tout traitement (hypnotisme et pilules mica panis);
du 2 au 12 juillet, soit dans une période de dix
jours, le malade a trois attaques très violentes. Je
reprends mon traitement le 12 juillet et je le con-
duis jusqu'au 1er septembre (1 mois 1/2) sans attaques ; je cesse une seconde fois et Alfred F..... a
deux crises dans la même semaine. Depuis cette
époque, 8 septembre, j'hypnotise de temps en temps
Alfred F....; il prend bravement et avec conviction
ses pilules de *mica panis*, et il n'a eu encore que
trois attaques, moins d'une par mois. Est-il utile
de dire qu'Alfred F..... avait, sans résultat appréciable, employé tous les remèdes usités en pareil
cas » (1)?

Nous ne discuterons pas la réalité du résultat
constaté par l'auteur, mais nous serait-il permis
de faire observer, étant donné la marche si souvent
irrégulière des attaques d'épilepsie, qu'il ne serait
pas impossible qu'il ne s'agit que d'une simple coïn-
cidence?

C'est à M. Bérillon que l'on doit le plus impor-

(1) J. Bouyer, *Du rôle de la suggestion dans la pratique
journalière.* (*Revue de l'hypnotisme*, 1887.

tant travail sur le traitement de l'épilepsie par la suggestion hypnotique. Chez vingt épileptiques traités par la suggestion, cet auteur n'a enregistré que quatre résultats très favorables. Chez six autres malades, il a obtenu, soit la disparition passagère des attaques, soit celle des tremblements, des vertiges. Chez l'un d'eux la suggestion a supprimé l'incontinence nocturne d'urine. Il a noté aussi l'amélioration de la mémoire et de l'état mental. Chez dix autres, les résultats ont été absolument négatifs (1).

- M. Bérillon fait observer qu'en somme la suggestion hypnotique ne se montre pas plus efficace contre l'épilepsie que les autres méthodes de traitement et en particulier la médication bromurée, mais qu'elle peut être surtout utile pour améliorer l'état mental, modifier le caractère et inhiber les impulsions irrésistibles des individus atteints de cette maladie.

(1) E. Bérillon, *Les indications formelles de la suggestion hypnotique*. (*Revue de l'hypnotisme*, 1891.)

IV

CHORÉES ET AUTRES AFFECTIONS SPASMODIQUES

D'après d'assez nombreux exemples, les affections choréiques sont susceptibles d'être heureusement modifiées par la suggestion hypnotique.

Dès 1884, au Congrès de l'association française pour l'avancement des sciences, tenu à Blois, M. Bernheim faisait une communication « sur des troubles choréiques de l'écriture guéris par la suggestion hypnotique ». Voici, succinctement résumées, les trois observations présentées par le professeur de Nancy.

« Le premier sujet est un jeune garçon qui a eu trois attaques de chorée; à la suite de la seconde, il a été atteint de rhumatisme articulaire. La troisième s'est produite tout récemment; elle s'est progressivement amendée, mais en laissant après elle des troubles de l'écriture très accentués. M. Bernheim plongea ce jeune garçon dans un profond sommeil hypnotique, après lequel il ne se souvenait de rien, et en profita pour lui suggérer l'idée qu'il était guéri. Dès les premières séances, l'écriture s'améliora, mais seulement d'une façon passagère. Enfin, au bout d'un mois, l'amélioration devint définitive et le malade put désormais écrire d'une façon correcte. »

Dans le second fait, il s'agit d'une jeune fille atteinte d'hémichorée, dont la guérison fut obtenue par le même procédé.

« Le troisième cas concerne une jeune fille qui, employée dans un atelier où avait régné une épidémie de chorée, avait été elle-même atteinte de chorée généralisée. On l'hypnotise, sans obtenir le sommeil profond ; elle n'arrive qu'à la seconde période et conserve le souvenir de tout ce qui s'est passé pendant son sommeil. On lui suggère, on lui affirme que le tremblement rythmique dont elle est affligée va disparaître ; tout d'abord il s'exagère ; mais au bout de quelques minutes, il disparaît, et la jeune fille, réveillée, écrit sans que son écriture révèle aucun trouble choréique. Au bout de cinq minutes, à la vérité, le tremblement recommence ; mais il suffit de quelques séances ultérieures d'hypnotisation pour que la guérison devint définitive et ne se démentît plus. »

Depuis cette époque, M. Bernheim, dans ses divers ouvrages, a publié un nombre considérable d'affections choréiques guéries par le traitement psychique : chorées de Sydenham, hémi-chorées hystériques, crampe des écrivains, etc.

M. Liébeault a aussi guéri de nombreuses chorées. Il fait à ce propos une remarque qui ne nous semble pas manquer de valeur. Il est à noter, dit-il, qu'à mesure que le corps se débilite, la puissance de représentation mentale diminue ; par conséquent, le pouvoir de la suggestion s'affaiblit. Mais si à un régime tonique et reconstituant on ajoute l'emploi de la suggestion hypnotique faite avec art, on arrivera bien plus sûrement à des résultats satisfaisants.

Ce qui revient à dire que, tout en pratiquant le traitement psychique, il ne faut pas négliger les ressources de la thérapeuthique habituelle. Cette recommandation, qui paraît banale, méritait cependant d'être faite. Dans leur enthousiasme irréfléchi, beaucoup de partisans de la suggestion n'y semblent pas attacher assez d'importance.

Citons encore, en ce qui concerne les chorées, une observation fort intéressante de guérison par l'hypnotisme, publiée par le Dr Purgotti de Pavie(1).

Dans une communication faite au Congrès international de Berlin en 1890, M. Bérillon présente
une statistique de vingt cas de chorée traités par
la suggestion. Sur ce nombre, quinze cas, parmi
lesquels se trouvaient toutes les formes de cette
affection (rhythmique, saltatoire, athétosique, générale, partielle), ont été d'abord améliorés, puis
guéris. L'auteur fait observer que la guérison n'est
pas aussi rapide que dans l'hystérie ; un certain
nombre de séances sont souvent nécessaires. Il
joint à la suggestion verbale, pendant l'hypnose,
des exercices de gymnastique réguliers, qu'il fait
exécuter au malade. Les troubles localisés sont très
facilement curables ; la chorée généralisée est plus
difficile à influencer.

La *paralysie agitante* semble, dans certains cas,
justiciable du traitement hypnotique. A sa clinique
de la Charité, M. Luys en a traité de nombreux cas
par sa méthode de la fascination et du transfert.
On sait que la méthode du transfert consiste à
mettre le malade en contact avec un sujet très
sensible pendant qu'un aimant est présenté devant

(1) Purgotti, *La Térapeutica ipnotica suggestiva*, 1887.

le membre ou l'organe dont il s'agit de rétablir la fonction. Le sujet sensible emprunte, par transfert, le trouble dont on veut guérir le malade, après quoi on l'en débarrasse à son tour par simple suggestion verbale.

Voici un des exemples d'amélioration que présente M. Luys dans une revue succincte des malades de son service traités par l'hypnothérapie :

« Vil..., âgé de soixante-six ans, atteint d'une paralysie agitante ancienne, est traité régulièrement depuis plusieurs semaines. Pendant tout le mois de mars on lui a fait chaque jour une séance de miroir rotatif (une demi-heure de durée), et tous les deux jours une séance de transfert. Le tremblement a très notablement diminué. Les mouvements sont devenus plus faciles. Le tronc est moins incurvé ; le cou moins raide et la face relevée. Il commence à prendre seul ses aliments et à les porter à la bouche. Au commencement du mois, il marquait au dynamomètre 32 kilogrammes de la main droite et 35 kilogrammes de la main gauche. A la fin de ce mois, il marque 44 kilogrammes de la main

droite et 49 kilogrammes de la main gauche. Gain :
26 kilogrammes (1). »

L'hypnotisme a été autrefois vanté dans le *tétanos*. Braid cite l'observation d'un garçon de treize
ans guéri par ce procédé.

Le jeune homme, après quelques prodromes
incertains, fut pris d'opisthotonos. La tête et le
bassin rigides étaient rétractés en arrière, tandis
que le corps était courbé en forme d'arc et immo-
bilisé dans cette position. Le spasme était à peine
rémittent et ne cessait jamais complètement ; il
s'exagérait parfois au point de gêner la respiration.
Il y avait aussi des contractures spasmodiques
dans les membres inférieurs. En présence de la
gravité du pronostic, Braid se décida à essayer
l'hypnotisme ; ce qui fut difficile, non par manque
de docilité du sujet, mais à cause de la fréquence
de ses attaques spasmodiques. « En quelques minutes cependant j'avais, dit-il, réussi à réduire les
spasmes, et sa tête pouvait se porter en avant, la
respiration se calmait, le pouls avait beaucoup diminué, et je le quittai dans un état de bien-être

---

(1) Luys, *Revue d'hypnologie*, nº 4.

relatif. » Les spasmes revinrent et furent combattus
par le même moyen. Les jours suivants, à mesure
que les séances se multiplièrent, les symptômes de
la maladie s'amendèrent et la guérison s'ensuivit.
Notons qu'en même temps que le malade était
soumis aux pratiques hypnotiques, il subissait un
traitement antiphlogistique par le calomel à doses
fractionnées et la saignée.

Un autre cas de tétanos traité par le magnétisme
a été publié par le Dr Ronzier-Joly. Le résultat,
comme on va le voir, fut tout autre que dans le cas
précédent.

Il s'agit d'un nommé Cassat traité à l'hôpital
d'Alger en 1853 pour un tétanos *a frigore*. Rigidité
générale, excepté aux membres supérieurs; trismus, peau humide, un peu chaude, présentant
une sensibilité exagérée en certains points. De
temps en temps le malade a des secousses, des
contractions subites générales et passagères. Le
traitement par la belladone n'ayant donné aucun
résultat, le Dr Foley eut recours à son influence
électro-biologique. « Il lui place dans la main un
disque brunâtre et brillant qu'il lui prescrit de re-

garder fixement. Après vingt minutes, l'action magnétique fut complète ; l'état tétanique sembla totalement effacé. Sur l'injonction du médecin en
chef, Cassat ouvrit grandement la bouche, agita
les bras, les jambes avec une extrême facilité. »
L'opération terminée, les spasmes se reprodui-
sirent: Le lendemain, nouvelle séance. Elle est
à peine finie et le médecin n'est pas encore sorti
de la salle. que le malade est frappé de mort
subite (1).

L'hypnotisme fut-il pour quelque chose dans ce
dénouement? Il est difficile de le dire. Notons cependant l'influence heureuse du sommeil nerveux
sur les spasmes tétaniques que ces deux cas semblent mettre en évidence. A priori on aurait pu
penser que l'hypnotisme, en raison de l'hyper-
excitabilité neuromusculaire qui l'accompagne souvent, eût dû produire des effets tout opposés à la
détente spasmodique observée.

Dans plusieurs cas de tétanie d'origine neurasthénique ou plutôt hystérique, M. Bernheim a
obtenu les meilleurs résultats de la suggestion

(1) Ronzier-Joly, *Bulletin général de thérapeutique*, 1860.

hypnotique. Ces cas, qui se rapprochent de la contracture hystérique, s'ils ne se confondent avec elle,
ne donnent lieu à aucune considération qui n'ait
été déjà faite dans un autre chapitre.

M. Burot a publié une observation de *hoquet*,
datant de six mois, guéri en deux séances par la
suggestion, alors qu'il avait résisté jusque-là à
tous les traitements employés.

« Mme B..., âgée de cinquante huit ans, dartreuse,
éprouvait depuis quelque temps des douleurs névralgiques dans les bras et dans les jambes, quand un
jour apparut le hoquet, subitement : il dura un
quart d'heure. Ce hoquet survint tous les quinze
jours à heure fixe, puis tous les huit jours et enfin
tous les jours. Au troisième mois, il était inces-
sant, il commençait le matin, atteignait son maximum à trois heures, diminuait dans la soirée pour
ne cesser que pendant le sommeil.

« Au sixième mois, Mme B... vint consulter M. Burot; le hoquet était violent. Elle fut facile à endormir, à la seconde suggestion le hoquet disparut
complètement. »

Une particularité intéressante, ajoute l'auteur,

c'est qu'il était facile de faire reparaître ce hoquet et avec l'intensité qu'on désirait. Il suffisait, dans l'état de somniation, d'insinuer que le hoquet allait revenir tel qu'il se présentait à telle ou telle heure de la journée.

V

TROUBLES DE LA MENSTRUATION

Parmi les effets les plus remarquables de la suggestion hypnotique sont ceux qu'elle peut produire
sur les fonctions du grand sympathique. Les expériences de divers physiologistes, en prouvant l'existence, dans certaines régions du cerveau, de centres
dont l'excitation produit des actions nerveuses
motrices, sensitives, sécrétoires dans des organes
éloignés, nous avaient démontré d'avance l'action
réelle bien que latente de la pensée sur les fonctions de la vie végétative.

Le professeur Beaunis, chez une somnambule, a
pu, à volonté, ralentir ou accélérer les battements
du cœur par la suggestion. Le ralentissement et
l'accélération suivaient immédiatement la sugges-

tion et il ne se produisait ni modification émotion-
nelle, ni altération du rythme respiratoire.

Le même auteur nous apprend qu'il est facile,
chez nombre de somnambules, de produire, par
suggestion hypnotique, de la rougeur et de la congestion des téguments externes, c'est-à-dire de modifier à volonté l'innervation vaso-motrice. Dans
certains cas, au lieu d'un simple érythème, on peut
produire une congestion véritable avec gonflement
de la peau.

Chez une hystérique hypnotisée par M. Focachon,
l'application d'un carré de papier gommé de timbres
poste derrière l'épaule gauche produisit par suggestion, au bout de quelques heures, une vésica-
tion analogue à celle que produit l'emplâtre can-
tharidien (1).

M. Dumontpallier, M. Krafft-Ebing ont pu, par
suggestion déterminer l'élévation de température
d'une région déterminée du corps.

MM. Bourru, Burot et Mabille ont produit, toujours par le même moyen, un fort saignement de
nez, et des stigmates sanguinolents sur la région
du corps indiquée par eux.

(1) H. Beaunis, *Le somnambulisme provoqué*, 2° édition, 1887.

Enfin de nombreux hypnotiseurs ont purgé leurs malades hypnotisables par simple suggestion, c'est-à-dire ont pu produire à volonté des sécrétions abondantes.

La connaissance de ces faits devait conduire, par analogie, à essayer la suggestion dans les troubles de la fonction menstruelle. Les résultats obtenus ont été dans de nombreux cas, des plus satisfaisants.

M. Liébeault a publié trois observations d'aménorrhée ou les règles ont été rappelées par la suggestion hypnotique. Dans le premier cas, il s'agissait d'une grande et forte fille, de vingt-deux ans, lymphatique, qui depuis six mois n'avait rien vu. Elle fut mise en sommeil léger, et le retour des règles fut suggéré pour une date fixe; elles revinrent au jour fixé et furent dès lors régulières.

Le second cas est celui d'une femme de trente-cinq ans, dont la menstruation était arrêtée. Elle fut mise en somnambulisme et M. Liébeault lui suggéra le retour de la fonction pour une époque déterminée. La malade vint, à l'époque dite, prévenir son médecin que ses règles étaient revenues sans se douter le moins du monde du traitement suggestif qu'elle avait subi.

Dans le troisième cas, concernant aussi une som-nambule, les règles revinrent avec un retard d'un jour sur la date suggérée (1).

Le même auteur a communiqué à M. A. Voisin l'observation suivante :

« Il s'agit d'une institutrice qu'il soigne depuis neuf mois pour de graves hémorrhagies utérines sans lésions organiques et revenant coup sur coup. Le mal empirait toujours et elle était obligée de rester vingt jours au lit par mois. Par l'hypnotisa-tion au degré le plus léger, elle est arrivée, d'après les suggestions du Dr Liébeault, à avoir ses règles tous les vingt-cinq jours pendant cinq jours. Il n'y a plus aucune récidive d'hémorrhagie. Elle va très bien aujourd'hui. »

M. A. Voisin, qui cite cette observation, a lui-même communiqué à la Société médico-psycholo-gique plusieurs observations d'aménorrhée traités par la suggestion hypnotique (2).

La plus intéressante concerne une jeune femme de vingt-huit ans, chloro-anémique, sujette à des

(1) Liébeault, *Thérapeutique suggestive; son mécanisme*, Paris, 1891.

(2) Aug. Voisin, *Annales médico-psychologiques*, 1887.

névralgies de tout genre surtout, à l'époque cata-
méniale, qui est extrêmement douloureuse. Les
règles avaient fait défaut depuis trois mois. Les
moyens ordinaires ayant échoué, M. A. Voisin songea à l'hypnotisme. Il la met facilement en somnambulisme, et lui suggère d'avoir ses règles quatre
jours après; ce qui a lieu, puis de les avoir pendant
trois jours. Succès complet.

Nous venons de voir les bons effets de la suggestion dans les cas de suppression des règles. Il
existe des observations qui prouvent que ces bons
effets ne sont pas moindres quand il s'agit de mo-
dérer un flux trop abondant.

A la session de 1887 de l'Association française
pour l'avancement des sciences, M. Bernheim a présenté l'observation d'une dame de trente-cinq ans,
qui avait des règles abondantes pendant cinq ou
six jours tous les onze ou quinze jours, qui n'était
jamais restée plus de vingt et un jours entre deux
périodes menstruelles et qui, grâce à la suggestion
hypnotique, arriva à ne les avoir successivement
que tous les vingt-six, vingt-sept, vingt-huit et vingt-
neuvième jours. Ces règles duraient trois jours au
lieu de cinq ou six.

A propos de cette communication, M. Bérillon apporta les résultats de son expérience personnelle, et déclara avoir pu arrêter, par la suggestion, des métrorrhagies abondantes mettant en danger la vie des malades.

MM. Dècle et Burot déclarèrent avoir pu, eux aussi, régler les femmes presque à heure fixe, par la même méthode. Ce dernier a cité des observations absolument semblables à celles que nous avons citées précédemment.

En 1889, M. Gascard (1), dans une très savante communication faite au Congrès de l'hypnotisme, après avoir fait ressortir l'influence si considérable de l'intelligence sur les fonctions sexuelles, et en particulier sur les fonctions ovariques, cite deux observations ou des hémorrhagies utérines abondantes furent arrêtées par une simple suggestion hypnotique. Nous lui empruntons la citation suivante, qui montre que si la thérapeutique suggestive, comme méthode, date d'hier, les effets du moral sur les organes sexuels étaient loin d'être ignorés de nos anciens dans l'art de guérir.

(1) A. Gascard, *Influence de la suggestion sur certains troubles de la menstruation.* (Revue de l'hypnotisme, 1890.)

« C'est, dit Raciborski (1), un fait vraiment curieux, mais réel, que cette immixion des opérations
de l'esprit et de l'âme dans l'exercice des actes de
la vie organique, et en particulier de ceux qui
sont relatifs à la reproduction. Les beaux et intéressants travaux de M. le professeur Claude Bernard,
relatifs à l'influence du cerveau à travers les rami-
fications du grand moteur organique sur les organes
et leurs fonctions, peuvent seuls rendre intelligi-
bles ces phénomènes qui, sans cela, seraient incom-
préhensibles. Ainsi, une simple préoccupation d'esprit peut empêcher chez l'homme des érections,
comme une simple crainte d'une grossesse accompagnée des inquiétudes sur l'apparition des règles
à l'époque voulue peut frapper d'atonie l'ovulation
et retarder l'érection ovarique qui accompagne
chaque déhiscence spontanée. »

Le docteur Bugney, de la Drôme, a publié un cas
de métrorrhagie guéri par l'hypnotisme, d'autant
plus intéressant qu'il s'agissait d'hémorrhagies causées par la présence de fibrômes dans l'utérus. Non
seulement les pertes de sang s'arrêtèrent, mais les
tumeurs diminuèrent considérablement de volume,

(1) Raciborski, *Archives générales de médecine*, 1865.

et la santé générale se rétablit en très peu de temps (1).

Enfin, pour terminer, citons un travail de M. van Velsen, de Malines, relatant diverses observations de troubles nerveux amendés par la suggestion, parmi lesquels un cas de dysménorrhée douloureuse guérie dès le deuxième mois.

VI

TROUBLES HÉMORRHAGIQUES OU SÉCRÉTOIRES

Quelques autres troubles hémorrhagiques ou sécrétoires peuvent être modifiés par la suggestion hypnotique.

A la session de l'Association française pour l'avancement des sciences déjà citée, M. Grasset a déclaré avoir pu, par simple suggestion, supprimer complètement chez une hystérique des hémorrhagies buccales, que ces hémorrhagies provinssent du tube digestif ou des voies aériennes.

M. Bernheim a essayé d'agir sur les diabétiques; il a pu obtenir d'eux qu'ils urinent en moindre

(1) Bugney, *Revue de l'hypnotisme*, 1891.

quantité et, par conséquent, qu'ils rendent moins
de sucre. Mais comme l'un de ses malades est mort
de coma diabétique, il a cru devoir, par prudence,
ne pas renouveler ses expériences.

VII

INCONTINENCE D'URINE

En 1886, M. Liébeault présenta une statistique
de soixante-dix-sept cas d'incontinence d'urine auxquels il a appliqué la suggestion hypnotique. Il fut
conduit, raconte-t-il, à employer cette médication
par un fait qu'il vit se réaliser chez un enfant de
treize ans, et dont il fut vivement frappé. Cet enfant, qui avait coutume d'uriner au lit chaque nuit
pendant son sommeil, restait propre plusieurs nuits
de suite, lorsque son père le menaçait d'une correction. La crainte, chez cet enfant, agissait donc
comme une suggestion. Tel fut le point de départ
de M. Liébeault dans le traitement psychique de
l'incontinence d'urine chez les adultes et les enfants.
Voici maintenant les résultats qu'il a obtenus.

Sur ces soixante-dix-sept jeunes gens affectés
d'incontinence d'urine :

1º Ont été guéris en une ou quelques séances hypnotiques et ont donné ultérieurement de leurs nouvelles 23

2º Sont partis guéris à la suite de peu de séances, mais
sans plus tard donner de leurs nouvelles 23

3º Ont obtenu la guérison par le même traitement plus
prolongé, et à propos desquels l'auteur a été rensei-
gné ultérieurement 10

4º Ont obtenu de l'amélioration, et peut-être la guérison par l'emploi de séances du même genre, souvent
répétées mais sans que l'auteur ait eu des renseignements dans la suite 9

5º N'ont eu qu'une seule séance, et sans que depuis
il ait jamais entendu parler d'eux 4

6º Enfin n'ont pas été guéris, ni améliorés 8

                                    TOTAL 77

Il résulte d'après le nombre de ces malades que,
par l'emploi de la méthode d'hypnotisation, il a
été obtenu 42,85 0/0 de guérisons certaines ;
72,72 0/0 de guérisons certaines ou sans que la
certitude en soit bien établie par une information
ultérieure. Si l'on ajoute aux trois premières séries
les cas d'amélioration lente sur lesquels l'auteur n'a
pas eu de nouvelles, on arrive au chiffre de
84,41 0/0 représentant les succès tant positifs que
partiels. « Chose étrange, dit M. Liébeault, sur les
deux malades les plus affectés, ceux qui présen-
taient de l'incontinence d'urine à la fois dans les périodes de sommeil et de veille, il y en a eu neuf qui

ont été complètement débarrassés de leur habitude morbide, y compris parmi eux les deux enfants qui lâchaient aussi des excréments en même temps que l'urine. Sur ce nombre de onze, un seul seulement éprouva du mieux sans se rétablir, et un dernier n'obtint aucun bénéfice du traitement. Les succès sur cette catégorie spéciale de malades s'expliquent en ce que, étant plus fortement atteints, ils ont été soumis à un traitement plus suivi » (1).

L'auteur est porté à croire que les résultats avantageux et définitifs obtenus par lui sont encore plus nombreux que ne le font croire les chiffres précédents, car il a remarqué qu'en cas de rechute, les enfants lui étaient promptement ramenés, ce qu'explique la nature dégoûtante de leur infirmité. Si donc parmi ces malades guéris et perdus définitivement de vue, il y eût eu de nombreuses rechutes, il est vraisemblable qu'ils fussent revenus se soumettre à un nouveau traitement.

On a cru que l'incontinence d'urine était due à l'excessive profondeur du sommeil chez les sujets atteints de cette infirmité. M. Liébeault ne partage pas cette manière de voir. Pour lui, le sommeil

(1) Liébeault, *Revue de l'hypnotisme*, 1886.

hypnotique et le sommeil naturel sont identiques ; si donc les incontinents avaient un sommeil plus profond que les autres, ils fourniraient une plus grande proportion d'états hypnotiques profonds, ce qui n'est pas. Toutefois, quand le sommeil profond existe chez un malade qui urine involontairement, on voit le traitement hypnotique échouer contre son infirmité, sans doute parce que la suggestion n'arrive pas à mettre en mouvement les actions nerveuses engourdies.

Quarante-cinq malades, traités par M. Liébeault, ou 58,44 0/0 étaient des garçons, et trente-deux ou 41,56 0/0 etaient des filles. Leur âge moyen dépassait à peine sept ans. Le plus jeune avait trois ans, et le plus âgé dix-huit, lorsqu'ils vinrent réclamer ses soins. Dans ce nombre, quatre avaient vu leur affection débuter à deux, trois, quatre et huit ans, à la suite de frayeurs ; un, à l'âge de trois ans, consécutivement à une pneumonie ; un autre au même âge, après une angine compliquée d'abcès, et un dernier à six ans par l'effet d'habitudes vicieuses.

Deux devinrent incontinents aux âges de trois et quatre ans, sans que l'on ait pu spécifier la cause. En dehors de ces neuf cas d'incontinence pour

causes débilitantes, le restant ou la majorité, c'est-
à-dire 68 sur 77, remontait à la naissance.

M. Liébeault ajoute que plus ces malades ont été
avancés en âge, plus ils ont présenté de chances de
guérison. Car, sur vingt-six sujets âgés de plus de
douze ans, vingt d'entre eux ou 76,92 0/0 ont été
guéris ou sont partis en meilleur état; tandis que
sur cinquante et un enfants au-dessous de douze
ans, trente et un ou 60,78 0/0 seulement furent
mis dans des conditions de santé équivalentes.

Pour terminer l'analyse de l'important travail
de M. Liébault, je crois devoir citer *in-extenso* le
passage où il expose la manière dont il appliquait,
chez ses sujets, le traitement hypnotique.

« La plupart des succès obtenus par moi l'ont
été, en suggérant aux malades endormis l'idée que,
pendant leur sommeil, ils sentiraient le besoin
d'uriner quand leur vessie serait pleine, et aussi
en leur suggérant en même temps de s'éveiller
pour satisfaire ce besoin. Par la suggestion, ces
idées devenaient fixes dans leur esprit, et elles y
veillaient pour épier la sensation attendue et donner le signal du réveil. A d'autres, j'affirmais qu'à
une heure de la nuit que je leur désignais d'avance,

ils auraient à vider leur vessie, et, éveillés ou non, ils obéissaient ponctuellement. A quelques-uns, à ceux qui avaient de la peine à bien dormir, je leur répétais mes suggestions avec persistance chaque fois, et ils finissaient enfin par accepter les idées imposées et par les exécuter. »

M. Bérillon a eu l'occasion d'appliquer le procédé de M. Liébault ainsi que les artifices qu'il conseille dans le passage précédent à une trentaine d'enfants atteints d'incontinence diurne ou nocturne de l'urine et des matières fécales. La proportion des guérisons a été environ de sept sur dix (1).

M. Stembo, de Wilna, a employé l'hypnotisation dans un grand nombre de cas d'incontinence d'urine. Dans tous ces cas la guérison définitive a été rapidement obtenue et il n'a eu aucune rechute à enregistrer (2).

(1) Bérillon, *Hypnotisme et suggestion*. Paris, 1891. Cet auteur, au Congrès des sociétés savantes de 1892, a présenté sur le sujet qui nous occupe, les propositions suivantes qui me paraissent dans beaucoup de cas très plausibles : 1° l'incontinence nocturne d'urine, sauf de rares exceptions, résulte d'une éducation défectueuse, et non d'un état pathologique ; 2° dans la grande majorité des cas, le traitement moral suffit pour débarrasser définitivement les incontinents de leur déplorable infirmité.

(2) Stembo, *Congrès de Berlin*, 1890.

Chez un enfant de neuf ans, incontinent depuis sa naissance, j'ai réussi dès la première séance de suggestion, à faire disparaître l'infirmité qui n'a pas reparu depuis cette époque. Une jeune fille de treize ans a été grandement améliorée par le même procédé. En ce moment même, je poursuis le cours de ces expériences encourageantes et je crois pouvoir considérer l'incontinence d'urine comme une des affections où la suggestion hypnotique est appelée à rendre le plus de services.

CHAPITRE IV

La suggestion hypnotique dans les maladies aiguës et chroniques et dans les affections organiques du système nerveux.

I

MÉCANISME DE LA SUGGESTION DANS LES AFFECTIONS ORGANIQUES

Presque tous les médecins qui ont écrit sur la thérapeutique hypnotique et suggestive, ont publié des observations tendant à démontrer que la psychothérapie peut rendre d'importants services dans les affections aiguës et chroniques *cum materia*. Dans les cas de ce genre, ainsi qu'ils ne manquent pas de le faire observer, la suggestion n'a pas la prétention de s'adresser à la lésion elle-même et d'en poursuivre directement la suppression ; elle ne s'attaque, comme toujours, qu'aux troubles fonctionnels engendrés par elle.

Un grand nombre de sensations douloureuses,

comme on sait, sont provoquées à distance par
certaines lésions sans avoir de rapport direct avec
elles. Certaines maladies de la vessie, de l'utérus,
du foie, du cœur, provoquent des névralgies très
intenses dans des plexus éloignés. Des centres
médullaires qui correspondent à ces organes malades partent des incitations qui vont irriter d'autres centres de la moelle, en provoquant les associations morbides les plus inattendues; c'est ainsi,
par exemple, qu'on a vu des caries dentaires provoquer des névralgies du plexus brachial ou du
sciatique.

Dans les cas de lésions traumatiques ou destructives des nerfs, néoplasmes, névromes, etc., il se
produit souvent des troubles réflexes éloignés plus
ou moins étendus : contractures, mouvements cloniques, convulsions épileptiformes. Contre tous
ces désordres synesthésiques, il n'y a rien d'anti-
scientifique à admettre, quoi qu'en aient dit certains critiques, que l'influence inhibitoire de la
suggestion puisse se faire sentir d'une manière
efficace. Je ne vois pas, pour ma part, qu'il soit
plus difficile d'admettre la possibilité de faire disparaître une névralgie réflexe, indépendante dans

une certaine mesure de la lésion qui l'engendre, qu'une névralgie hystérique.

« Que de troubles nerveux viennent se greffer sur les maladies organiques les plus diverses, troubles réflexes, sympathiques liés à l'impressionnabilité nerveuse générale d'un organisme dont toutes les fonctions sont solidaires, si bien que l'irritation d'un filet nerveux retentit douloureusement sur les fibres nerveuses lointaines! Les vomissements incoercibles de la grossesse, la névropathie consécutive aux déplacements utérins, l'hystérie traumatique, le nervosisme arthritique, l'hystérie saturnine, le vertige stomacal, les convulsions dues aux vers intestinaux, la chorée vermineuse, l'épilepsie par frayeur, les paralysies sympathiques, les palpitations nerveuses du cœur engendrées par la dyspepsie, la migraine liée à la menstruation, les mille et une douleurs, sensations, manifestations diverses qui gravitent autour des lésions, déroutent le diagnostic, déconcertent la thérapeutique, tout cela ne montre-t-il pas que le dynamisme nerveux, venant s'ajouter à la lésion primordiale, joue dans la séméiologie un rôle immense, et ouvre à la suggestion un champ d'intervention plus vaste que ne semblent le comporter l'organe lésé ? Voici, par exemple, une légère rétroversion utérine qui ne gêne en rien les fonctions vésicale et rectale, mais qui suscite par le mécanisme des actions réflexes toute une pathologie, névralgies, suffocation, battements de cœur, vomissements, dypepsie, vertiges, hypocondrie, convulsions. La lésion n'est rien ; la réaction fonctionnelle est tout. Qu'importe que je ne puisse remédier à la lésion, si la suggestion peut faire appel à l'organe psychique pour faire acte d'inhibition sur toutes ces manifestations symptomatiques secondaires, si elle peut mettre un frein à toutes ces transmissions nerveuses » (1).

Mais quelques hypnologues ne s'en tiennent pas là. Ils affirment la possibilité d'atténuer ou de faire disparaitre, dans un nombre de cas restreint, bien entendu, les lésions organiques elles-mêmes. Le trouble fonctionnel étant supprimé, la lésion organique pourra être modifiée à son tour par voie indirecte. Les troubles irritatifs, congestifs, perturbateurs des échanges nutritifs disparaissant, certaines lésions étant ainsi soustraites à la cause qui les

_____

(1) Bernheim, *Hypnotisme, suggestion, psychothérapie.*

entretient, pourront s'éteindre à leur tour. En théorie on ne saurait non plus repousser à *priori* ces déductions thérapeutiques, quand on connaît l'intensité des effets de la suggestion dans le domaine des nerfs de la vie organique; j'avoue qu'en pratique on est en droit d'être plus sceptique.

Dans les affections organiques des centres nerveux, l'importance des désordres fonctionnels produits indirectement par la lésion elle-même sont aussi d'une importance capitale. L'ictus résultant de la formation brusque d'un foyer hémorrhagique dans le cerveau stupéfie l'activité fonctionnelle de l'organe et supprime l'action inhibitoire qu'il exerce sur la moelle, dont les actions réflexes sont considérablement accrues. L'interruption de la continuité de l'axe rachidien par une tumeur, une hémorrhagie, un ramollissement, provoque les mêmes effets.

Il n'est pas nécessaire qu'il y ait une interruption complète; il suffit qu'il y ait gêne dans le passage des courants nerveux. Une compression même légère de la moelle dorsale fait disparaître les mouvements volontaires, alors que la sensibilité peut être conservée. Une hémorrhagie du corps strié

peut, par compression, provoquer une hémianesthésie, alors que le carrefour sensitif est intact.
Le champ des troubles causés par une affection organique de la moelle, comme l'ataxie locomotrice
ou la sclérose multiloculaire, peut dépasser de beaucoup les branches nerveuses intéressées et ainsi de
suite. Dans toutes les circonstances que nous venons d'énumérer, ne semble-t-il pas rationnel d'admettre que la suggestion hypnotique est capable
d'intervenir d'une manière efficace? Vulpian disait
que la propagation des excitations nerveuses se
fait ordinairement par des voies prévues et systé-
matiques, mais que, si celles-ci sont obstruées,
elles peuvent se faire par des *chemins de traverse.*
N'est-il pas rationnel d'admettre que la suggestion
hypnotique peut créer ces derniers? De nombreuses
observations, relatées par des auteurs très divers,
tendent à le démontrer.

II

MALADIES AIGUES ET CHRONIQUES

La suggestion peut rendre des services dans les

maladies aiguës en atténuant certains symptômes
ou en les faisant disparaître. Inutile de dire qu'il
s'agit, comme toujours, de troubles fonctionnels, et que dans la fièvre typhoïde, par exemple,
M. Bernheim, qui a obtenu des résultats favorables
contre l'élément douleur, n'a pas songé à suggérer
la suppression de la fièvre ou l'abaissement de la
température.

Dans un cas de phlébite, dans la convaléscence
d'une fièvre typhoïde, cet auteur a fait disparaître
rapidement la douleur par suggestion, et peut-être
empêché une rechute. Dans un autre cas, de la
même maladie, il fit disparaître, par le même moyen,
une céphalalgie rebelle; mais il fallut, chaque jour,
renouveler la suggestion. Dans un troisième, des
vertiges et des sifflements d'oreilles, qui duraient
depuis plusieurs semaines, cessèrent instantanément dès la première suggestion et ne se renouve-
lèrent pas.

Je cite encore quelques succès du même auteur
dus à la thérapeutique suggestive; guérison de
douleurs abdominales avec diarrhée chez un tuberculeux; suppression d'une diarrhée dans la
convalescence d'une pneumonie; diminution du

nombre des selles chez un dysentérique qui avait contracté sa maladie au Tonkin.

Dans les affections chroniques, certains symptômes ne sont plus, en quelque sorte, qu'une habitude morbide de l'organisme, ayant survécu à la lésion qui leur a donné naissance. C'est ainsi que peuvent s'expliquer des succès qui ont une allure singulièrement paradoxale, comme la guérison rapide et radicale d'une dysenterie persistant depuis trois ans.

Enfin, dans la lithiase biliaire, d'après une observation du même auteur, la suggestion peut enrayer un accès de colique hépatique. Une femme en traitement pour un ictère consécutif à des calculs hépatiques est prise subitement des premiers symptômes d'un accès de colique; la respiration est haletante et précipitée, chaque respiration anxieuse lui fait pousser un cri de douleur; le pouls est à 140; la face est grippée, exprime l'angoisse et la souffrance. Malgré ces conditions défavorables, la malade est plongée en sommeil profond et au bout d'un quart d'heure est débarrassée de sa crise hépatique.

III

AFFECTIONS OCULAIRES

M. Delbœuf a employé la suggestion dans différents cas de lésions inflammatoires de l'œil et en a
obtenu les meilleurs effets.

« Dans un premier cas il s'agissait d'une inflam-
mation de la rétine et du nerf optique de nature
spécifique. Les deux yeux étaient pris. Le traitement mercuriel n'avait donné que des résultats
peu durables. Au mois de décembre 1885, l'œil
droit ne comptait plus les doigts, l'œil gauche ne
comptait qu'à une distance de 30 centimètres.
M. Delbœuf s'adjoignit un spécialiste, le Dr Nuel,
professeur d'ophthalmologie à l'Université de Liège;
et borna son rôle à hypnotiser le malade et à imaginer les suggestions à lui donner ».

« Le traitement dura du 17 janvier au 6 juillet 1888
et se composa de quarante-six séances de une à
deux heures chacune. A la fin du traitement, l'œil
droit comptait les doigts à une distance de
3 mètres, l'œil gauche à 1 mètre. Le malade,

auparavant presque aveugle, pouvait prendre des notes, lire l'heure à une montre, distinguer le bleu et le rouge, et se promener sans être conduit. Deux ans après l'amélioration s'était maintenue.

« Dans un autre cas, il s'agissait d'une kératite parenchymateuse, ayant laissé sur l'un et l'autre œil une large tache cornéenne, abolissant à peu près la vision. Par la suggestion hypnotique, M. Delbœuf réussit à élargir le champ visuel de l'œil droit et deux ans après l'amélioration ne s'était pas démentie (1).

M. Delbœuf pense que, dans les cas dont il vient d'être parlé, la suggestion dirige et exalte la volonté, lui rend son pouvoir et la met à même, en rappelant dans les tissus en voie de mourir la vitalité fonctionnelle, de les arracher à une désorganisation imminente.

On trouve dans le livre de Braid quelques exemples d'amélioration de la vision par l'hypnotisme, mais aucun diagnostic précis n'accompagnant les observations, il est impossible d'affirmer qu'il s'agissait de lésions organiques; il semble plus pro-

(1) Delbœuf, *De l'étendue de l'action curative de l'hypnotisme*. Paris, 1890.

bable que les malades n'étaient affectés que d'un trouble fonctionnel des milieux de l'œil.

IV

PARALYSIES D'ORIGINE CÉRÉBRALE

Les physiologistes admettent que les centres nerveux supérieurs ou psychiques exercent sur la moelle une influence modératrice. Si ces centres sont détruits ou modifiés par une lésion de voisinage, leur action propre peut être supprimée ou entravée; de là, à la suite des lésions en foyer du cerveau, des phénomènes périphériques d'anesthésie, de contracture ou d'incoordination motrice qui ne sont pas dus à la lésion organique elle-même, mais à son action à distance. C'est dans ces conditions que les substances esthégiogènes ou dynamogéniques, telles que l'aimant, donnent des résultats qui tiennent du merveilleux; la suggestion hypnotique n'est pas moins efficace, quand elle peut être appliquée.

On doit à M. Bernheim de fort belles observations démonstratives des principes qui précèdent.

« Un homme de quarante-six ans, frappé d'apo-
plexie, demeure hémiplégique du côté gauche. Bientôt le bras du même côté devint raide, et il s'y établit
un tremblement qui envahit bientôt la jambe gauche
et alla en s'aggravant. En même temps on constatait une hémianesthésie sensitivo-sensorielle frap-
pant le même côté. L'action des aimants amena
une amélioration notable de ces divers symptômes,
mais la contracture se rétablit au bout d'un certain
temps. On l'endort par suggestion ; il tombe en
sommeil au second degré. M. Bernheim lui suggère
que sa main est guérie, que les mouvements sont
redevenus faciles, que le tremblement cesse dans
sa main ; il lui commande de l'ouvrir et de la fermer, ce qui a lieu, non sans quelque raideur ; peu
à peu la souplesse augmente : « Si seulement cela
pouvait durer, » observe le malade pendant son
sommeil, — on lui affirme que cela durera.

« Dans les hypnotisations suivantes le malade
tombe en somnambulisme ; l'amélioration persiste
et même s'accentue, le tremblement disparaît, la
force dynamométrique augmente, le mouvement
se rétablit. Pendant deux ans, le malade va et vient
dans le service, marche sans traîner la jambe. Il

succombe à une congestion pulmonaire consécutive à un emphysème : l'hémisphère gauche contient un foyer de ramollissement ocreux atteignant la convexité du lobe occipital, l'hémisphère droit un foyer lacunaire situé en arrière de l'extrémité postérieure de la couche optique, intéressant légèrement la capsule interne » (1).

Le résumé qui précède est bien imparfait; il laisse de côté bien des parties importantes de cette intéressante observation; il suffit néanmoins à démontrer l'efficacité du traitement psychique.

Ainsi chez un individu atteint de lésions destructives considérables des deux hémisphères cérébraux, la suggestion hypnotique avait réussi à faire disparaître en grande partie tous les symptômes dérivant de ces lésions, soit directement, soit surtout par effet de voisinage.

Nous citerons encore, parmi les médecins qui ont publié des succès par la méthode suggestive dans les affections organiques du système nerveux, M. Fontan. D'après cet auteur « dans une hémiplégie post-apoplectique, l'amélioration ne se pro-

_____

(1) Bernheim, *De la suggestion*, etc.

nonce et ne s'accomplit spontanément qu'après
plusieurs semaines. Elle est lente, graduelle et
souvent incomplète. Par la suggestion hypnotique,
c'est brusquement en deux ou trois séances, quelquefois en dix minutes que l'on voit la paralysie
se dissiper, où tout au moins se réduire à un mi-
nimum *qui ne sera pas franchi*. Il semble que la
guérison est là, en expectative et que la suggestion la réalise d'un seul coup ». Il ajoute que plusieurs fois il a réussi, par l'hypnotisation, à effacer
des traces fort anciennes d'hémiplégies post-apo-
plectiques, qui n'avaient laissé, après guérison,
qu'une impotence partielle.

Nous avons vu que M. Bernheim n'hésitait pas à
s'attaquer, et avec succès, à tous les symptômes,
quels qu'ils soient, directement ou indirectement
provoqués par la lésion célébrale. Sur ce point
l'expérience de M. Fontan n'est pas d'accord avec
la sienne. Pour lui la suggestion n'est efficace que
contre l'abolition des mouvements, avant toute
complication, à la condition qu'il n'y ait ni hype-
résthésie, ni excès de douleur, ni contracture. Si
les symptômes d'irritation initiale persistent ou si
des contractures ne sont établies par suite des dé-

généresences médullaires consécutives, il n'y a rien à faire (1).

Il y a, on le voit, bien des incertitudes dans ces questions; les observations publiées sont encore peu nombreuses et l'opinion des auteurs ne s'accorde guère. M. Fontan reconnaît avoir échoué le plus souvent; il a échoué dans la paralysie infantile, dans la paralysie saturnine; la paralysie traumatique du nerf radial, la paralysie oculaire syphilitique; il a échoué aussi dans plusieurs hémiplégies d'origine centrale et diverses affections médullaires sans qu'il sache pourquoi.

« Je déclare, dit en résumé M. Fontan, que je n'ai jamais guéri, par la suggestion, une maladie *cum materiâ* du système nerveux. Mais j'ai soulagé beaucoup de malades, j'ai rendu des forces à plusieurs, j'ai donné à quelques-uns l'illusion d'une guérison complète. »

V

AFFECTIONS MÉDULLAIRES

L'*ataxie locomotrice* semble une des affections

(1) Fontan, *Revue de l'hypnotisme*, 1890. Fontan et Ségard, *Éléments de médecine suggestive*. Paris, 1887.

organiques du système nerveux les plus susceptibles de bénéficier de la thérapeutique suggestive.
Sans vouloir, comme le font certains auteurs, attribuer à l'imagination seule du malade, et par conséquent à la suggestion, les bons effets obtenus
par divers traitements empiriques, tels que la suspension, par exemple, on peut dire que c'est le
tabes qui fournit les exemples les plus nombreux
et les plus probants de l'heureuse influence de la
thérapeutique morale dans les maladies organiques.

D'après M. Bérillon, à qui nous devons une très
intéressante observation que nous allons résumer,
la suggestion, dans le tabes, agirait en rompant
des habitudes fonctionnelles acquises auxquelles
le malade est si facilement entraîné, en ravivant
dans les cellules nerveuses engourdies la puissance
dynamogénique; en améliorant la nutrition par
l'intermédiaire des vaso-moteurs dont l'activité est
stimulée; enfin en limitant les troubles fonctionnels
et en les réduisant aux justes proportions que comporte la lésion (1).

Ce programme a été complètement rempli,

(1) Bérillon, *Revue de l'hypnotisme*, 1891.

semble-t-il, dans l'observation que nous allons résumer.

« M. L... trente-trois ans, voyageur de commerce, marche appuyé sur deux cannes. Il présente au plus haut degré l'incoordination motrice caractéristique du *tabes dorsalis*. L'examen clinique révèle les particularités suivantes : le malade ne peut se tenir debout lorsqu'il a les yeux fermés; les réflexes rotuliens sont abolis; il porte à demeure dans le canal de l'urèthre une sonde destinée à remédier à une rétention complète d'urine remontant à dix-huit mois. Il se plaint de fourmillements et d'élancements extrêmement pénibles dans les pieds et les jambes; les fourmillements ne lui laissent aucun répit et lui causent des insomnies qu'aucun médicament n'a pu jusqu'ici atténuer. Son état général est extrêmement défectueux. Le malade n'a éprouvé du côté de la vision que des troubles peu marqués.

« M. L... ayant été soumis sans résultats appréciables, à un certain nombre de séances de suspension, on était autorisé à recourir à l'application de la suggestion hypnotique comme moyen pal-

liatif des phénomènes douloureux. En même temps,
pour répondre à l'indication tirée des antécédents
syphilitiques, le traitement spécifique fut institué.

« Dans la première séance, qui eut lieu le 9 mai,
le malade se montra complètement réfractaire à
l'hypnotisation. Dans la seconde séance, deux jours
après, il éprouva un léger engourdissement et une
certaine lourdeur des paupières. Il en fut de même
pendant trois ou quatre séances, lorsqu'un jour il
tomba inopinément dans un sommeil profond, avec
anesthésie à la piqûre et amnésie au réveil. Les
premières suggestions furent dirigées contre les
fourmillements et les élancements. Mais tant que
le malade ne fût pas endormi profondément, il
n'accusa aucun soulagement appréciable. Dès qu'il
eut été réellement hypnotisé, l'amélioration se manifesta rapidement. Il fut alors facile de constater,
après quelques séances, que le malade marchait
mieux et que l'incoordination motrice avait diminué. C'est alors que M. Bérillon eut l'idée de traiter sa rétention d'urine par le même procédé, de
lui faire la suggestion de retirer sa sonde à une
heure déterminée et d'essayer d'uriner seul. Prévenu de la suggestion après son réveil, il nous ré-

pondit : « Ce n'est pas la peine d'essayer, je sais que c'est impossible ». Néanmoins, à l'heure fixée, il retira sa sonde et il urina quelques gouttes.

« Malgré quelques tentatives analogues suivies d'un succès croissant, il ne se décidait pas à se sé- parer de sa sonde, car il avait constaté que, lorsqu'il restait quelques instants sans la remettre, il éprou- vait les plus grandes difficultés à vaincre la résis- tance du sphincter vésical. Le 4 juillet pendant le sommeil hypnotique, la suggestion de retirer sa sonde avec l'idée de ne plus jamais la remettre et de la jeter par la fenêtre dès qu'il serait rentré chez lui, lui fut faite énergiquement. Elle fut exé- cutée d'une façon automatique. Depuis lors, il ne l'a plus remise.

« A la fin de juillet, le malade pouvait marcher sans canne, descendre les escaliers sans appui; le signe de Romberg avait disparu; il urinait sans le secours d'une sonde, se rendant compte cependant qu'il ne vidait qu'incomplètement sa vessie. Il éprouvait encore des élancements et des fourmille- ments, mais très supportables, et bénéficiait la nuit de plusieurs heures de sommeil. La marche n'était déjà plus celle d'un ataxique, tout en gardant cependant un caractère particulier; il s'avançait en s'appuyant lourdement sur les talons, en étendant les bras avec un dandinement spécial.

« Après un mois de suggestion hypnotique l'amélioration avait fait de sensibles progrès. Seuls les réflexes rotuliens n'avaient pas reparu. L'anesthésie plantaire n'occupait plus que les deux derniers doigts de chaque pied.

« C'est alors, dit M. Bérillon, que nous avons institué une expérience dont le résultat nous paraît de nature à faire ressortir à la fois le rôle dynamogénique de la suggestion et l'étendue de sa valeur curative. '

« Nous avons dit que dès le début du traitement, le malade avait été soumis à la médication spécifique. Il n'avait pas cessé, depuis plusieurs mois, de prendre un gramme d'iodure de potassium.

« Il n'est pas téméraire de supposer que cette médication a pu modifier favorablement le processus de la lésion et même en amener la guérison. Néanmoins il est certain qu'à elle seule, elle n'aurait pas suffi à amener la disparition complète des troubles fonctionnels, puisqu'ils n'ont disparu successivement que sous l'influence de la suggestion.

« C'est ainsi que nous avions pu constater l'efficacité de la suggestion contre l'insomnie du malade, contre les élancements et les fourmillements,
contre l'incoordination de la marche, et enfin contre
la rétention d'urine ; la persistance de l'abolition des réflexes nous permettait de contrôler avec
plus de précision l'influence de la suggestion,
déjà manifeste contre les autres troubles fonctionnels.

« Le 3 septembre, je fais constater par plusieurs
médecins l'abolition complète du réflexe rotulien
chez le malade. Puis il est hypnotisé profondément.
L'anesthésie est complète, et les membres soulevés
restent dans l'attitude cataleptoïde. Alors, tout en
faisant sur le tendon rotulien de légères percus-
sions, je lui suggère le retour du réflexe. La réapparition du réflexe ne se manifeste d'abord que
d'une façon peu marquée, mais dans le cours des
séances suivantes, nous assistons à son rétablissement progressif.

« Après une interruption du traitement pendant
quelques jours, nous fûmes surpris de constater
que cette réapparition des réflexes n'avait été que
passagère.

« Cette rechute nous permit de vérifier de nouveau l'action dynamogénique de la suggestion, car, au bout de quelques séances, les réflexes sont réapparus et se sont maintenus, comme vous pourrez vous en assurer sur le malade. De plus, les dernières zones d'anesthésie plantaire ont disparu sous l'influence de quelques suggestions.

« Un fait important à noter, c'est que, pour arriver à l'état de guérison, nous n'avons pas fait moins de soixante séances de suggestions, répétées à deux ou trois jours d'intervalle. La persévérance apportée par le malade et par le médecin ont donc été des facteurs très importants dans l'application du traitement.

« A la date du 1er décembre, l'état du malade est des plus satisfaisants. L'incoordination a complètement disparu (1). »

Nous avons risqué cette citation un peu longue en raison de sa valeur démonstrative. Je ne connais pas d'observation qui prouve plus nettement l'action complémentaire de la suggestion hypnotique dans les affections des centres nerveux.

(1) Bérillon, *Revue de l'hypnotisme*, 1891.

M. Bernheim (1), M. Lloyd-Tuckey (2) disent aussi avoir expérimenté la suggestion dans diverses maladies incurables de la moelle. Chez plusieurs ataxiques, ils ont fait disparaître momentanément les douleurs fulgurantes, les crises gastriques, le ténesme vésical; chez un malade, M. Bernheim a amélioré notablement la marche pour un certain temps. Mais, ajoute judicieusement ce dernier, ces améliorations sont passagères : la marche progressive de la lésion ne tarde pas à reproduire les accidents.

Le même auteur a obtenu certains résultats palliatifs dans le *tabes spasmodique* et dans la *sclérose en plaques*. Il a pu suspendre pendant six mois, à la suite de quelques séances d'hypnotisation, la marche de cette dernière maladie, supprimer les tremblements, diminuer la contracture, et l'exagération des réflexes tendineux et faire marcher les malades.

Dans les statistiques des maladies du système nerveux traitées par les procédés hypnotiques qu'a publiées M. Luys, nous trouvons des améliorations

(1) Bernheim, *Hypnotisme, suggestion, psychothérapie*.
(2) Lloyd-Tuckey, *Revue de l'hypnotisme*, 1891.

survenues dans des paralysies organiques, et dans
l'ataxie locomotrice.

Dans la sclérose en plaques et les scléroses diffuses de la moelle, on sait qu'il se produit souvent
des troubles paralytiques qui ne sont pas en relation directe avec les lésions constatées à l'autopsie.
Ce sont des paralysies par influence, surajoutées à
celles qui correspondent aux altérations matérielles
de l'axe cérébro-spinal. Un bel exemple de ce que
peut la suggestion hypnotique contre ces symptômes surajoutés, souvent plus fâcheux, au point de
vue de la vie de relation, que ceux qui résultent de
la désorganisation des tissus nerveux, a été fourni
par MM. Fontan et Ségard.

Il s'agit d'un individu traité depuis 1875 dans
les hôpitaux maritimes pour une maladie diffuse
de la moelle ayant provoqué l'éclosion succes-
sive de nombreux syndrômes : névralgies faciales
rebelles, douleurs fulgurantes dans les membres,
parésie des membres inférieurs, fourmillements
et crampes des extrémités; douleurs en ceinture,
sensation de ouate sous les pieds, anesthésie des
deux jambes et des bras, attaques apoplectiformes,
troubles urinaires, atrophie des papilles, enfin

paralysie flasque complète des deux membres inférieurs.

En 1886, c'est-à dire onze ans après le début de
la maladie, le patient est soumis à la suggestion
hypnotique. Une hypnose assez profonde est obtenue très rapidement par la fixation du regard. On
lui suggère qu'il peut mouvoir les jambes, les sou-
lever, les fléchir. Le malade exécute non sans
quelque peine et lenteur les mouvements indiqués.

Le résultat persiste au réveil et le malade se
montre satisfait et surpris du résultat.

Le traitement suggestif ayant été continué, la
marche ne tarda pas à devenir possible avec l'aide
de béquilles ; l'anesthésie, qui était généralisée, dis-
parait progréssivement, l'acuité visuelle s'améliore,
la force musculaire s'accroit, ce que constate le dynamomètre et ce malheureux, qui, depuis des années, était considéré comme incurable bénéficia
d'une guérison partielle inespérée. Au bout de cinq
mois, l'amélioration s'était maintenue, mais e malade est emporté par une phtisie galopante. A l'autopsie, la moelle est trouvée envahie par de nombreuses plaques de sclérose (1).

(1) Fontan et Ségard, loc. cit.

M. Bérillon a publié un cas de *syringomyélie* considérablement améliorée par la suggestion hypnotique. Voici cette observation :

« Mlle Sch... âgée de vingt-quatre ans, brocheuse, se présente à la clinique le 24 février 1882, pour y être traitée d'une atrophie considérable des deux mains, dont le début remonte à environ neuf ans. Elle se plaint surtout de n'éprouver à la main droite aucune différence du froid et du chaud. Cette thermo-anesthésie s'est manifestée il y a deux ans. La malade s'en est aperçue par les brûlures qu'elle se faisait à son insu en préparant ses repas. Nous constatons qu'elle ne sent pas l'application d'un tisonnier chauffé au rouge. La main droite tout entière est d'ailleurs couverte des brûlures qu'elle se fait journellement. L'atrophie des deux mains est très prononcée ; la disparition des muscles opposants et des interosseux leur donne l'apparence de la main simienne.

« La malade a de graves antécédents héréditaires. Son père est mort à cinquante-six ans des suites d'une hémiplégie avec aphasie. La mère, morte à cinquante-cinq ans, était également hémiplégique et aphasique. Un frère est mort d'excès de boissons alcooliques à quarante-un ans. La malade a eu depuis l'âge de treize ans des crises d'hystérie qui n'ont cessé qu'au moment de la première apparition de ses règles, à dix-huit ans.

« Elle est immédiatement soumise à l'hypnotisme auquel elle se montre très sensible. Nous lui faisons la suggestion qu'elle aura recouvré à son réveil la sensation du chaud et du froid. Nous constatons, non sans surprise, que la suggestion a été suivie d'une réalisation complète. Depuis lors, à plusieurs reprises, nous avons pu constater, dans un but expérimental, qu'il nous était possible de supprimer, puis de rétablir chez notre malade, à notre gré, la sensibilité thermique.

« De plus, bien qu'aucun traitement autre que la suggestion n'ait été appliqué, nous avons vu l'atrophie des mains s'améliorer d'une façon très appréciable. Le même fait a d'ailleurs été déjà noté par le Dr Babinski, à la Salpêtrière, sur une malade atteinte d'atrophie hystérique. »

CHAPITRE V

La suggestion hypnotique dans les maladies mentales.

I·

LA FOLIE DANS SES RAPPORTS AVEC LA SUGGESTION HYPNOTIQUE

Depuis l'année 1884, époque où M. A. Voisin communiqua à la Société médico-psychologique la première observation de maladie mentale guérie par la suggestion hypnotique, de nombreux expérimentateurs ont suivi la voie indiquée par le distingué médecin de la Salpêtrière et le bilan de leurs observations vaut la peine d'être présenté avec quelques détails. Avons-nous, oui ou non, dans la suggestion hypnotique un nouveau moyen de traitement d'une efficacité certaine contre les affections mentales et lesquelles ? Pour peu qu'on soit au courant des in-

certitudes et des pauvretés de la thérapeutique de
la folie, on comprendra toute l'importance d'une pa-
reille question.

Bientôt après, MM. Séglas, Lombroso, Dufour pu-
blièrent de nouvelles guérisons. Puis suivirent les
publications de MM. Forel, (de Zurich); Ladame, (de
Genève); Jules Voisin; Burckhardt, (de Préfargier);
Repoud, (de Marsens); Luys, etc. Tous ces auteurs
font le plus grand cas de la suggestion et la considèrent comme un précieux agent thérapeutique
dans le traitement des névropathies et des maladies
mentales (1).

M. A. Voisin lui-même ne tarda pas à apporter
de nouvelles observations. Dès 1886, ses hésitations
de la première heure avaient disparu; il ne se demandait plus seulement s'il ne serait pas possible de tirer
parti de la suggestion chez les aliénés hypnotisables
pour amener du calme, diminuer l'excitation psycho-
sensorielle, donner une direction meilleure au cours
des idées, il affirmait nettement l'efficacité curative
du nouveau procédé et rappelant avec quelle rapi-
dité merveilleuse il avait, en deux ou trois séances,

(1) Consulter, pour la nombreuse bibliographie de ces
auteurs, la *Revue de l'hypnotisme*.

guéri des affections mentales presque désespérées,
il terminait son travail en disant qu'il serait heureux pour les aliénés qu'ils fussent tous hypnotisables.

Mais il ne le sont pas tous, il s'en faut et c'est là
en effet une des difficultés de la nouvelle méthode.
Le plus grand nombre des formes de la folie, fait
observer le père de la suggestion hypnotique, le
Dr Liébeault, résiste à l'influence de la suggestion,
en raison de l'obstacle presque insurmontable que
l'on rencontre à mettre ceux qui sont atteints de
cette maladie dans le sommeil artificiel (1).

M. Bernheim, dont l'autorité est si grande en matière d'hypnotisme, n'est pas moins affirmatif dans
ses divers ouvrages. « J'ai essayé bien des fois, dit-
il, de guérir la mélancolie, l'hypocondrie, la maladie des obsessions, la manie, le délire de persécution, j'ai toujours échoué. Pendant leurs crises les
aliénés sont en général difficiles, sinon impossibles
à hypnotiser (2). »

L'opinion de beaucoup d'entre les aliénistes qui

(1) A. Liébeault, *Le sommeil provoqué et les États analogues*,
2e édition. Paris 1889.

(2) Bernheim, *Hypnotisme, suggestion, psychothérapie*. Paris,
1891.

ont étudié l'hypnotisme est conforme à celle des auteurs précédents. Malgré ses succès, M. Dufour constate que, d'une manière générale, il est très difficile d'hypnotiser les aliénés. M. Marcel Briand a essayé maintes fois d'endormir des aliénés délirants *ne présentant aucune tare hystérique*, mais il n'a jamais obtenu le moindre résultat. Quelques-uns de ses malades ont fermé les yeux et ont poussé la complaisance jusqu'à paraître s'assoupir, mais ainsi qu'ils finissaient par l'avouer, ils feignaient le sommeil pour mettre un terme à une insistance qui les ennuyait (1).

La plupart des auteurs que nous avons cités comme favorables à l'emploi de l'hypnotisme dans les affections mentales, sont à peu près d'accord pour reconnaître que le nombre des aliénés véritablement sensibles à l'hypnose est des plus restreints.

Et cependant, au Congrès de l'hypnotisme, M. A. Voisin déclarait qu'ayant pris l'habitude d'essayer l'hypnotisme chez toutes les aliénées qui entrent dans son service, il arrivait à en hypnotiser à peu près 10 0/0 et qu'il espérait arriver à un chiffre plus

(1) M. Briand, *Congrès de l'hypnotisme*, 1889.

élevé en multipliant et en perfectionnant ses procédés.

De pareilles divergences d'opinion rendraient
perplexe, si quelques explications très simples n'en
fournissaient promptement la clef. Il convient de
remarquer tout d'abord que M. A. Voisin met au
service de sa méthode une persévérance qui n'est
pas à la portée de tous. « Il ne faut pas se dissi-
muler, dit-il, qu'il est nécessaire d'user d'une
grande patience et de donner à ce traitement beaucoup de temps. J'ai dû rester auprès de plusieurs
malades *pendant deux ou trois heures* avant de réussir à les endormir. Il faut varier les procédés d'hypnotisme et recommencer fréquemment jusqu'à dix-
huit et vingt fois les séances avant de renoncer au
succès ». On conviendra qu'une méthode thérapeutique aussi laborieuse n'est guère à la portée
des médecins d'asiles d'aliénés avec l'organisation
actuelle des services. N'eussent-ils qu'un dixième
de leurs malades à hypnotiser, les journées entières seraient loin d'y suffire.

Une autre explication des succès de la méthode
hypnotique entre les mains de M. Voisin est tirée
du milieu où il opère. Son service est composé ex-

clusivement de femmes aliénées où l'hystérie foisonne, ce que tendent d'ailleurs à prouver les observations mêmes de l'auteur. Or les aliénistes hypnologues que nous avons précédemment cités, et en particulier M. Briand, ne nient la possibilité de l'hypnotisation que chez les aliénés exempts d'hystérie. Ceux qui sont atteints de cette maladie conservent, bien qu'à un moindre degré, la tendance qu'ont la plupart des hystériques à tomber dans le sommeil provoqué. La suggestibilité, cette caractéristique de la diathèse, n'est pas non plus supprimée chez eux; elle peut être mise en jeu. Comment et dans quelle mesure, c'est ce que nous examinerons plus loin. Mais nous tenons pour acquis dès maintenant que les aliénés hypnotisables sont en général des hystériques et que si leur nombre n'est pas très considérable, c'est que l'hystérie ne s'associe à la folie que dans un nombre restreint de cas.

Mais la difficulté d'hypnotiser les aliénés n'est pas la seule que rencontre chez eux la psychothérapie. Une difficulté bien plus grande est de leur faire accepter les suggestions curatives. Remarquons que la suggestion. pour opérer d'une manière

efficace, demande, de la part du sujet, une attention persévérante, une soumission absolue, une abdication complète de sa volonté et de son moi. En
un mot, le sujet doit se placer dans une situation
d'esprit complètement en harmonie avec les intentions de l'opérateur. Ces conditions, il est à peine
utile de le dire, sont en opposition presque constante avec les dispositions psychiques des aliénés.
Chez les uns, aucune d'elles ne saurait être obtenue; fixer l'attention d'un maniaque agité, obtenir
sa collaboration morale dans l'œuvre que tente le
médecin hypnotiseur est pure utopie. Chez d'autres, certains mélancoliques par exemple, on obtiendra un certain degré d'attention, une certaine
soumission, mais on n'obtiendra jamais l'abdication
des idées délirantes, nées en dehors de la partici-
pation consciente du sujet et échappant par conséquent à son propre contrôle.

Le champ des idées délirantes n'est pas très
étendu; quelle que soit leur variété, leur originalité, leur bizarrerie, elles se rattachent toutes à un
petit nombre de types dont le développement, dans
des conditions encore incomplètement déterminées,
a quelque chose de nécessaire, de presque fatal :

tels le délire d'indignité, d'humilité, de ruine, de négation dans la mélancolie, le délire des grandeurs et des richesses dans la folie congestive, le délire de persécution dans la folie systématisée. L'automatisme joue un rôle presque exclusif, non dans la floraison, mais dans l'éclosion de ces états délirants; le mécanisme de leur production n'a pour ainsi dire rien de psychique; ils sont fonction de troubles particuliers de la cellule nerveuse. On comprend que cette cellule malade ne réagisse plus, sous l'influence de la suggestion, avec son élasticité accoutumée et qu'elle se montre plus ou moins insensible aux sollicitations dont elle est l'objet.

Dans ce qu'on peut appeler les folies légitimes, celles qui ne se développent qu'après une période bien tranchée d'incubation, et qui, dans leur évolution obéissent à une marche déterminée, il y a donc peu de chose à espérer de la suggestion hypnotique; l'organe cérébral est altéré tout au moins dans sa nutrition; il subit le contre-coup de l'altération nutritive qui frappe toute l'économie et qui fait de ces folies de véritables maladies *totius substantiæ*.

Mais il est des troubles intellectuels qui ne plon-
gent pas des racines aussi profondes au sein de
l'organisme, qui n'intéressent que le dynamisme
des centres psychiques, qui sont en un mot de
simples troubles fonctionnels prompts à naître,
mais ausssi prompts à se modifier et parfois à disparaître. Tels sont précisément ceux qui sont inti-
mement liés à l'état hystérique ; ceux qui coïncident
avec l'intégrité du moi et de la conscience, les
symptômes psychopathiques de la dégénérescence
et de l'hérédité, les mouvements passionnels irrésistibles, les penchants désordonnés, les perversions
du caractère et de la sensibilité morale. A priori, on
peut admettre que dans cette catégorie d'états psychiques qui ne dépendent que d'un désordre dyna-
mique du fonctionnement cérébral, la suggestion
hypnotique, quand elle est possible, ait quelque
prise et rende quelques services.

La pratique est précisément d'accord avec la
théorie.

Au congrès de l'hypnotisme de 1889, M. Forel, de
Zurich, un des partisans convaincus de la thérapeutique suggestive appliquée à l'aliénation mentale, a parfaitement défini les indications de la

méthode. Voici le résumé de son discours, en réponse à l'optimisme un peu excessif que venait de manifester M. A. Voisin : sans doute on peut couper des crises de manie hystérique, ou certaines psychoses analogues qui ont un caractère fugitif et passager; on peut aussi réussir à faire disparaître, au moins momentanément, les hallucinations de certains malades, à procurer le sommeil, à faire travailler un malade dément ou paresseux. Par contre, je n'ai, à part cela, jamais réussi à changer le cours des maladies mentales par la suggestion.

« Un maniaque chronique, avec hallucinations (passage à une démence systématisée), qui offrait de violents accès de fureur, pouvait être endormi au milieu de l'accès, qui était ainsi coupé. Mais le lendemain, il se réveillait aussi malade que la veille. Les idées délirantes n'ont jamais été modifiées chez aucun malade; même ceux que je parvenais à hypnotiser, à rendre anesthésiques, amnésiques, auxquels je faisais réaliser des suggestions posthypnotiques, se refusaient à accepter toute suggestion allant contre leurs idées délirantes. Je n'ai jamais réussi à influencer le cours de la vraie mélancolie (je ne parle pas des mélancolies hystériques) par la

suggestion, tout au plus ai-je réussi à produire parfois le sommeil et à activer la convalescence dans
un cas.

« Au contraire, j'ai obtenu d'excellents résultats,
durables, sur les alcooliques (non pas pendant le
délirium tremens, mais après), en leur suggérant
l'horreur des boissons alcooliques, l'abstinence totale de ces boissons pour toute leur vie et leur in-
corporation à une société d'abstinence totale. (1) »

A l'énumération précédente, il convient d'ajouter
les diverses monomanies avec conscience, la dipsomanie, les obsessions et impulsions, les perversions
sexuelles; ce que certains auteurs appellent les
psychonévroses, c'est-à-dire les troubles psychiques
liés à un état de neurasthénie de déséquilibration
mentale originelle.

Ainsi qu'on le voit, l'auteur dont nous venons de
citer l'opinion n'admet pas l'influence curative de
la suggestion dans la folie proprement dite; tout
au plus, dans les cas de cette nature, peut-on modifier certains symptômes accessoires et d'origine
secondaire, tels que l'agitation, l'insomnie, l'anorexie, certaines hallucinations; quant aux idées

(1) Forel, *Revue de l'hypnotisme*, 1890, p. 151.

délirantes proprement dites la suggestion ne peut
rien contre elles.

Cette manière de voir, que mon expérience m'a
fait personnellement adopter, me semble bien près
de réunir la majorité des suffrages. Au Congrès
international des sciences médicales de Berlin, en
1890, l'enthousiasme de l'année précédente semblait
s'être un peu refroidi. M. Mierzejewski, de Saint-
Pétersbourg, n'a pas caché ses désillusions : « J'ai
eu, dit-il, l'occasion d'appliquer l'hypnotisme au
traitement d'un certain nombre de maladies nerveuses et mentales et je n'ai pas obtenu les résultats favorables que j'en attendais ». M. Ladame
semble bien près de faire un aveu semblable et
M. Moll (de Berlin) déclare qu'à sa connaissance,
d'excellents expérimentateurs ont échoué dans les
tentatives de thérapeutique suggestive chez les
aliénés.

Seul, M. Bérillon a maintenu haut et ferme le
drapeau de la psychothérapie appliquée aux affections mentales :

« On a prétendu, dit-il, que la suggestion ne
pouvait avoir d'action que contre les troubles mentaux qui relevaient de l'hystérie. Si la constatation

de manifestations hystériques constitue certainement une indication formelle de l'emploi de la suggestion, il n'en est pas moins vrai que la suggestion
a pu être utilement employée contre des troubles
mentaux qui n'avaient aucun rapport avec l'hystérie.

« Chez quatre malades atteints de lypémanie
anxieuse, nous avons obtenu une guérison rapide
et complète par la suggestion. Chez une malade atteinte de sitiophobie et qui avait refusé tout aliment liquide ou solide depuis vingt-trois jours, il a
suffi d'une seule suggestion, faite sur un ton impé-
ratif, sans tentative d'hypnotisation préalable pour
la déterminer à manger. Chez un malade de quarante-cinq ans, atteint de mélancolie anxieuse
depuis dix ans, la guérison fut obtenue en deux
séances. Chez une femme de vingt-six ans, qui re-
fusait tout aliment depuis deux jours et auprès de
laquelle nous avions été amené par le Dr Degaix,
de Paris, une seule suggestion suffit pour déterminer la malade à manger et à ouvrir les yeux qu'elle
tenait obstinément fermés. Il nous a été donné d'observer fréquemment des faits analogues dans le
service de M. le Dr Auguste Voisin à la Salpêtrière.

« Des résultats aussi favorables n'ont pas été obtenus par nous dans le traitement de la manie
aiguë. Le traitement n'a d'ailleurs été appliqué qu'à
trois malades auxquels nous n'avons pu éviter
l'internement.

« Par contre, nous avons eu l'occasion d'appliquer le traitement par la suggestion à un grand
nombre de malades atteints de délire partiel et
d'obsessions. Parmi les cas où un résultat favorable
a été obtenu, citons trois cas de dipsomanie, un cas
de morphinomanie, onze cas d'obsessions (agora-
phobie, folie du doute, obsessions affectives, obsessions génitales, obsessions homicides, obsessions
suicides), un cas d'inversion sexuelle. »

A part la mélancolie anxieuse datant de dix ans,
et guérie en deux séances hypnotiques, cure qui
tient presque du merveilleux et qu'il serait bien intéressant de connaître en détail, il n'y a en somme,
dans les lignes que nous venons de citer, rien qui
soit en contradiction formelle avec les idées que
nous avons développées dans les pages précédentes.

II

FOLIE SIMPLE

Nous nous proposons d'étudier, dans les pages suivantes, quelques-unes des observations de folie simple guérie par la suggestion hypnotique jusqu'ici publiées, et d'en faire une analyse qui nous permette de reconnaître quels sont les cas qui comportent avec quelque chance de succès l'emploi de cette méthode thérapeutique.

Ainsi que nous l'avons dit dans le paragraphe précédent, la première observation a été publiée en 1884 et appartient à M. A. Voisin.

Une fille âgée de vingt-deux ans, séquestrée à Saint-Lazare à la suite de vols et d'abus de confiance, avait été reconnue aliénée et envoyée à la Salpêtrière. C'était une fille grande et forte, d'une intelligence peut-être au-dessous de la moyenne, pensive et sournoise. Sauf un front bas, on ne remarquait chez elle aucune conformation défectueuse. Indocile, paresseuse, ordurière, elle manifestait toujours de la mauvaise humeur, et récriminait à propos de tout. Quand elle était inoccupée, elle prononçait des paroles incohérentes qui annonçaient l'existence d'un délire maniaque. Bientôt elle a des accès d'agitation, devient furieuse, et on ne peut la maintenir qu'avec la camisole de force. Elle a aussi, de temps en temps, des attaques d'hystérie sous forme de perte de connaissance, sans convulsions.

M. A. Voisin pensa à l'hypnotisme pour calmer cette violente agitation. Étant un jour venu à l'improviste dans son service, il trouva la malade camisolée, assise dans la salle des douches, le bonnet d'irrigation d'eau froide sur la tête. Il essaya de l'hypnotiser en lui faisant fixer des yeux le doigt placé au-dessus de son nez; mais, à cause de la difficulté de lui faire regarder fixement un objet, il n'obtint le sommeil qu'en la regardant de très près, à quelques centimètres de son visage et en suivant tous les mouvements de ses yeux. Au bout de dix minutes, survint un strabisme convergent auquel succéda bientôt un sommeil stertoreux. Après cinq minutes de ronflement, elle se mit à bavarder d'une façon incohérente.

Les jours suivants, nouvelles tentatives d'hypnose, plus difficiles que la première, mais cependant suivies aussi de succès; à la suite des séances, on

constate un peu de calme. Voici un échantillon des
difficultés que rencontra M. Voisin dans ses expériences : « Elle résiste, se débat, lui crache au visage; la grande difficulté est de lui faire fixer un
objet. M. Voisin est obligé de lui tenir les paupières
entr'ouvertes et de suivre ses yeux; après sept ou
huit minutes, elle se débat, devient somnolente,
prononce quelques mots puis s'endort ». Peu à peu
le sommeil devient de plus en plus parfait : « Elle
est assise sur une chaise, la tête renversée en arrière, et appuyée sur un lit; les mains pendantes
se cyanosent, les membres sont dans la résolution
absolue, l'anesthésie est complète; une grosse
épingle enfoncée dans la peau n'est nullement sen-
tie. C'est à partir de cette séance que nous l'avons
interrogée et qu'elle nous a donné, sur sa vie, les
détails qu'elle nous avait cachés jusqu'alors. »

Peu à peu, sous l'influence d'hypnotisations répétées, cette malade se calma, devint lucide, et put
être rendue à la liberté. Un point remarquable,
c'est qu'en même temps que l'intelligence repre-
nait son équilibre, le moral se modifiait d'une façon
avantageuse, et qu'elle abandonnait son langage
et ses habitudes de prostituée.

Ainsi donc il s'agit d'une fille appartenant à la catégorie des dégénérés, atteinte d'imbécilité morale et d'hystérie avec accès intercurrents d'excitation maniaque. Ce cas, le premier en date, comme exemple de guérison par l'hypnotisme et la suggestion et en même temps le prototype de la plupart des observations qui ont été publiées par la suite. Dans tous nous rencontrons d'abord l'hystérie et la dégénéréscence, l'une qui coïncide en général avec une suggestibilité développée, l'autre qui est un terrain de culture intensive pour la folie, mais une folie qui a ses caractères particuliers.

Le délire des dégénérés en effet est mobile, changeant, sans racines profondes, se modifiant avec une extrême facilité, aussi prompt parfois à disparaître qu'à éclater. Produit de l'émotivité extrême dont sont doués ces psychopathes d'une catégorie particulière, il naît souvent par un mécanisme très analogue à celui de la suggestion elle-même. On peut dire que les divers aspects que prend le délire chez un dégénéré quelconque, sont le résultat d'auto-suggestions successives. Il est donc possible de comprendre que dans de pareilles conditions, la suggestion puisse défaire ce qu'a produit l'auto-suggestion.

Le plus grand nombre des observations de guérison par suggestion hypnotique publiées jusqu'à ce jour appartient à l'auteur que nous venons de citer. Dans presque toutes, l'hystérie ou l'hystéro-épilepsie sont signalées; le délire est tantôt maniaque, tantôt mélancolique, accompagné ou non d'hallucinations de la vue et de l'ouïe, d'érotisme, d'habitudes vicieuses et d'impulsions au suicide.

Tantôt, il faut jusqu'à trois heures d'efforts pour obtenir le sommeil. Certaines malades sont améliorées en quelques séances, d'autres ne subissent l'influence curatrice que lentement et progressivement. L'auteur, d'ailleurs, ne dissimule pas les difficultés de la méthode. « Il faut, dit-il, procéder lentement, n'agir d'abord que sur une conception délirante, sur une hallucination puis sur d'autres. Il ne faut pas faire trop de suggestions pendant une même séance, sans quoi l'on détermine un malaise évident et on n'obtient pas au réveil l'exécution précise des injonctions. Les suggestions doivent être faites à haute voix, formulées d'une façon précise et articulées avec autorité. Il faut signifier aux malades de ne plus entendre tel bruit, telle voix, de ne plus sentir telle odeur, de ne plus avoir telle idée délirante. Il faut leur affirmer que toutes ces idées sont fausses et qu'elles résultent de leur maladie, qu'ils ne doivent pas y croire, qu'ils guériront et enfin qu'ils sont guéris (1). »

Un des procédés employés par M. A. Voisin, pour calmer les paroxysmes maniaques, consiste à prolonger le sommeil pendant des journées ou même pendant toute la durée présumée de la crise. C'est ce qu'il fit chez une fille de vingt-cinq ans, hystéro-épileptique, maniaque, hallucinée, guérie après quatre mois de traitement par l'hypnotisme.

« Pendant les périodes d'agitation, dit l'auteur, je n'ai laissé la malade réveillée qu'une demi-heure par vingt-quatre heures.

« Pendant cette demi-heure, elle reste ordinairement calme, mais si on attend plus longtemps, elle redevient agitée, maniaque.

« Après un certain nombre de jours de traitement, l'agitation a cessé, bien que des attaques ussent survenues.

(1) A. Voisin, *Revue de l'hypnotisme*, 1886.

« Il faut veiller à ce que l'agitation ne reparaisse pas; il faut empêcher l'habitude maniaque de s'établir.

« Ainsi, sur sept jours, cette malade n'est restée à plusieurs reprises réveillée que sept fois une demi-heure.

« La malade mange les vivres de l'hôpital et elle prend le bromure pendant l'hypnotisme, alors qu'elle s'y refuse étant éveillée. Son refus de manger et de prendre le médicament tient à ce que l'homme d'en haut lui défend de se nourrir.

« Lorsque l'état maniaque a été en décroissant, je ne l'ai tenue hypnotisée que dix-huit heures sur vingt-quatre heures (1). »

Un des plus beaux spécimens de ce que peut la suggestion dans des cas désespérés est fourni par l'observation suivante de M. A. Voisin :

« La nommée C..., âgée de quarante-huit ans, est entrée dans mon service à la Salpêtrière; elle est aliénée depuis sept ans à la suite d'une impression morale très pénible. Elle a trouvé un jour, derrière la porte d'entrée de l'appartement, le ca-

(1) A. Voisin. *Revue de l'hypnotisme*, 1886.

davre de son maître et six semaines après elle était
prise d'un accès de mélancolie avec refus de manger qui nécessita son placement dans un asile d'a-
liénés. Elle voyait continuellement devant elle le
cadavre; elle entendait des voix qui l'accusaient
de l'avoir tué et de l'avoir volé. Depuis cette époque
le trouble mental et sensoriel a duré plus ou moins
intense et il s'est produit à plusieurs reprises des
accès aigus. Elle a cherché, à plusieurs reprises, à
se tuer.

« Elle est sujette à des étouffements, à des pleurs
faciles et elle a été hors d'état, depuis sept ans, de
s'occuper d'une façon utile.

« Le 13 février, je parvins à l'endormir et je lui
suggère de ne se réveiller que le lendemain à neuf
heures.

« Le 14, nouveau sommeil pendant lequel je lui
suggère de ne plus voir le cadavre de son maître et
que cette vision était l'effet de sa maladie. A son
réveil, à trois heures, l'interne apprenait d'elle
qu'elle ne voyait plus le cadavre.

« Le 15, elle me dit ne plus avoir cette hallucination. Étant endormie, je lui suggère de ne plus
entendre les voix des personnes lui disant qu'elle

a tué et volé son maître. A son réveil, à quatre
heures, l'interne apprend d'elle qu'elle n'entend
plus les voix l'accusant d'avoir tué son maître, mais
elle entend encore qu'on l'accuse de l'avoir volé.
Hypnotisme et suggestion de ne plus entendre cette
dernière accusation et de prendre dorénavant une
physionomie gaie. Dès ce jour toute hallucination
et toute idée délirante ont cessé et, dès le 17, elle
disait qu'elle pensait que les voix étaient l'effet de
sa maladie.

« D'autres suggestions hypnotiques sont parve-
nues à la faire travailler, à lui rendre la confiance
en elle-même; aussi, dès la fin de février, je lui
accordai des sorties de quelques jours chez son
mari et je lui ai accordé sa sortie définitive dans
le courant d'avril et aujourd'hui, 18 juin, la guérison ne s'est pas démentie. Son mari déclare qu'il
reconnaît sa femme comme elle était avant, il y a
sept ans (1). »

Malheureusement cette malade est retombée six
mois après et il n'a pas été possible de l'hypnotiser
de nouveau.

(1) A. Voisin. *Revue de l'hypnotisme*, 1885.

A côté des succès partiels il y a les succès com-
plets et définitifs. En 1889, notre auteur publiait
une statistique de ses guérisons ; sur vingt-deux,
dix-neuf se sont maintenues ; chez trois seulement
de ses malades il se produisit des rechutes (1).

Depuis quelques années, divers auteurs ont étudié à nouveau la folie hystérique, et y ont découvert un groupe un peu confus de syndromes disparates, n'ayant pas entre eux de lien nécessaire.
Ils en ont conclu, un peu vite peut-être, que la
folie hystérique n'existait pas et qu'il n'y avait que
des coexistences d'affections mentales diverses, surtout d'origine dégénérative, avec la névrose hystérique. Ce n'est certes pas ici le lieu de discuter
ce qu'il peut y avoir de vrai ou de faux dans cette
manière de voir ; nous voulons dire, cependant,
qu'elle ne nous paraît contenir qu'une part de vérité. Il est certainement, croyons-nous, des troubles
psychopathiques qui sont sous la dépendance directe de la diathèse hystérique.

M. Séglas l'a dit en excellents termes :

« Pour être délirant, un individu hystérique n'en
reste pas moins hystérique, et le délire ne suspend

(1) A. Voisin. *Revue de l'hypnotisme*, 1889.

pas fatalement chez lui les manifestations somatiques de la névrose. Souvent même, au contraire,
les deux ordres de symptômes physiques et psychiques coexistent et s'exagèrent par influence ré-
ciproque; et c'est alors le plus généralement les
symptômes d'ordre physique qui auront fait les
premiers leur apparition et qui pourront servir de
substratum au délire quand celui-ci viendra à se
déclarer. Telle perversion morbide survenue dans
les fonctions d'un sens spécial, goût, odorat, par
exemple, peut, à un moment donné, susciter des
idées d'empoisonnement. Tel trouble de la sensibilité générale et viscérale, anesthésie, hyperesthésie ou de la motilité, paralysies, contractures,
peut être le point de départ d'idées de persécution
ou hypocondriaques, et même de suicide. Ces faits
sont d'ailleurs communs et d'observation journalière dans d'autres formes vésaniques : mélancolie,
délire de persécution, délire de négation...

« D'un autre côté, chez les sujets ayant antérieurement des attaques convulsives, c'est quelquefois
à propos d'une de ces attaques que surviendront
les troubles intellectuels. Dès lors, chaque nouvelle
attaque sera comme un coup de fouet donné au

délire et pourra être l'occasion de périodes d'agitation maniaque fort dangereux (1). »

Hé bien, ce sont ces raisons mêmes que M. Séglas invoque, d'une façon d'ailleurs plausible, pour
expliquer l'action de la suggestion hypnotique dans
la folie hystérique. Si le délire n'est qu'un symptôme de la diathèse, au même titre qu'une attaque
convulsive, une contracture, une paralysie, la méthode thérapeutique qui guérit ces dernières devra
pouvoir modifier aussi le premier. La suggestion
hypnotique pourrait donc, en quelque sorte, servir de pierre de touche pour reconnaître ce qu'il
peut y avoir d'hystérique dans telle ou telle affection mentale.

L'intéressante observation publiée en 1885 (2)
par cet auteur concerne une jeune femme de trente
ans, grande hystérique, dont l'état névropathique,
né à l'occasion de chagrins de famille, se compliqua
d'hallucinations, d'exaltation mentale, puis de
délire lypémaniaque et d'idées de suicide. Tous
les traitements avaient échoué lorsque M. Séglas
essaya l'hypnotisme. Le traitement fut long et

(1) J. Séglas. *Archives de Neurologie*, novembre 1885.
(2) J. Séglas. *Archives de Neurologie*, novembre 1885.

laborieux, mais couronné enfin d'un plein succès.

A propos de cette observation, l'auteur fait re--marquer que le mode de la suggestion à imposer doit varier d'une façon différente pour chaque genre d'idées délirantes à combattre. Il est en outre préférable de ne pas s'adresser directement à l'idée elle-même, mais à ses causes génératrices, et d'attaquer toujours d'abord les troubles somatiques exaspérant le délire. Quand on a réussi à faire disparaître les hallucinations, les conceptions délirantes qui en découlent disparaissent d'elles-mêmes. C'est ce qui se produisit à propos des idées de suicide de la malade, qui disparurent après la disparition des voix qui les faisaient naître.

Il serait bien désirable d'avoir, en ce qui concerne l'application de l'hypnotisme et de la suggestion des règles bien délimitées, une posologie bien établie. Mais il est loin d'en être ainsi malgré les louables efforts tentés dans cette voie. Chaque malade a pour ainsi dire sa manière propre de réagir vis-à-vis des procédés hypnogéniques et des suggestions elles-mêmes.

En signalant ce fait, M. Dufour, qui a présenté à la Société médico-psychologique, en 1886, quatre observations d'aliénés modifiés par ce traitement, fait connaitre un procédé très simple que lui a enseigné un magnétiseur, M. Moutin, procédé permettant d'influencer certains sujets indociles *à l'état de veille*. Le sujet étant placé debout, dit M. Dufour, l'opérateur lui pose la main largement ouverte, entre les deux omoplates, le pouce appuyant d'un côté du cou et les autres doigts sur l'autre côté, de manière à comprimer légèrement la partie supérieure du trapèze. Le sujet prend immédiatement l'attitude d'une personne dans l'attente : son regard devient fixe et s'il est sensible, il éprouve presque immédiatement un effet de chaleur dans le dos, rayonnant plus ou moins en bas et en haut. Dans cet état, il est suggestible.

Nous allons donner ici un court résumé de la plus intéressante des observations de l'auteur.

« T... est âgé de vingt-trois ans. Depuis plusieurs années, il est atteint d'hystéro-chorée. Guéri une première fois, il nous est revenu, en passant par un asile voisin, où il était considéré comme tellement dangereux, qu'il y était maintenu constamment à l'aide de moyens contentifs mécaniques. Il a pré-

senté une perversion morale très grande, des impulsions au mal marquées, et des hallucinations
variées. Il a subi de nombreuses condamnations et
commis une tentative de meurtre sur un magistrat.
Bref, avec certaines apparences de lucidité, T... a
été un assez mauvais sujet. Nous n'avons plus à
parler au présent, tellement ses sentiments moraux
ont été améliorés par l'hypnotisme.

« Malgré ces antécédents, nous le plaçons en liberté, dans notre quartier de sûreté, ayant horreur
des moyens de contrainte. Il subit assez facilement
notre influence personnelle et nos conseils, néanmoins il se montre irritable contre d'autres, et me-
naçant dans plusieurs circonstances. Il entre dans
une série de crises de grande hystérie bien caractérisée, qui se calment par les bains prolongés. Mais
il devient triste, s'isole, refuse de nous voir, et il a
même des idées de suicide, pendant quelques jours.
T... est très accessible à l'hypnotisme, l'application
de la main dans le dos l'entraine presque immédiatement en arrière ; dès ce moment, il nous appartient. Il a conscience de cette influence, et au début
il nous fuit pour rester maître de lui. Mais dès que
nous le touchons, la partie touchée se raidit, soit

notre main et le malade devient rapidement accessible à la suggestion. Cette faculté ne fait que s'ac-
croître par la suite, et la suggestion agit aujour-
d'hui à l'état de veille, sans autre moyen d'action
que la parole seule, ou aidée par le geste. A la suite
d'un de ses accès, il fut plongé dans une période de
tristesse très grande. Je suis perdu, disait-il, je n'ai
plus qu'à me détruire. Cette situation morale fut rapidement modifiée par la suggestion d'idées gaies.
T..., qui s'est évadé trois fois d'un asile voisin, a été
sorti du quartier de sûreté, il se promène en liberté
chez nous, grâce à la suggestion. Les portes de l'é-
tablissement ouvertes devant lui, ne lui disent rien ;
au contraire, si on le mettait dehors, il reviendrait,
idée que je lui ai suggérée, après l'avoir mis en somnambulisme. Les suggestions faites dans cette période sont en effet bien plus sûres que celles que l'on
inculque à l'état de veille, même à un sujet sensible.

« En l'état, T... est absolument en mon pouvoir ;
il va mieux, il est doux, docile, il s'occupe. il est
très obligeant et se conduit bien. Ses prétendus en-
nemis n'existent plus, ses hallucinations sont très
rares ; il dort bien, surtout les jours où il est l'objet d'expérimentations hypnotiques.

« Il y a quelques mois, les aliments lui paraissaient de mauvais goût, il se crut empoisonné. Il
croyait entendre la voix de M. P... disant aux infir-
miers, il faut tuer T..., de là des menaces de mort
et un refus de manger, qui dura plusieurs jours.
En une séance, nous eûmes raison et des hallucinations et des craintes d'empoisonnement qui n'ont
pas reparu depuis plus de deux mois. Ses sentiments d'hostilité contre M. P... ont été aussi entièrement modifiés. »

Parmi les auteurs qui ont encore publié des guérisons de folie par l'hypnotisme et la suggestion, il
faut citer à l'étranger M. Forel, de Zurich, médecin
de l'asile de Burghoezli, M. Burckhardt, de Préfargier, M. Ladame, de Genève, M. Lowenfeld, de Mu-
nich, M. Velander, etc.

En France, nous avons à citer MM. Brémaud, Burot,
J. Voisin, Roubinowitch (1). Dans son rapport médical pour l'année 1890, le Dr Brunet, médecin di-
recteur de l'asile d'aliénés d'Évreux, déclare avoir
eu recours à l'hypnotisation chez trois femmes hys-

(1) Consulter, pour la bibliographie de ces auteurs, la col-
lection de la *Revue de l'hypnotisme*, où leurs travaux ont été
analysés ou publiés *in extenso*.

tériques dont l'état cérébral a été très amélioré par ce moyen thérapeutique.

Nous avons nous-même pu enregistrer quelques bons effets de la.même médication dans un cas de manie puerpérale. Dans un cas de mélancolie anxieuse, nous avons tout d'abord obtenu un ré-sultat presque merveilleux, mais peu à peu la malade est devenue moins sensible à la suggestion hypnotique. Ces deux femmes étaient hystériques.

III

FOLIE HÉRÉDITAIRE ET DÉGÉNÉRATIVE. — OBSESSIONS ET IMPULSIONS IRRÉSISTIBLES

La psychothérapie, en ce qui concerne les formes de la folie héréditaire et dégénérative, s'annonce comme devant remporter de brillants succès, mais la moisson qui ne manquera pas d'être abondante, acceptons-en l'augure, ne fait que commencer à peine, et les faits sont encore peu nombreux.

Le plus confiant des psychothérapeutes est jus-qu'ici M. de Jong. Laissons-lui la parole :

« La psychothérapie a rendu de grands services,

surtout à beaucoup de mes malades souffrant d'une
affection psychique.

« Au Congrès international d'hypnologie, je men-
tionnai les résultats du traitement psychique dans
quelques *psychoses élémentaires* et je suis heureux
de pouvoir constater aujourd'hui que les résultats
ont dépassé mes prévisions. Depuis ce temps-là, de
nouvelles expériences m'ont fortifié dans ma conviction, que dans le traitement de ces affections la
psychothérapie est un des remèdes les plus précieux ; dans le traitement de la mélancolie, elle m'a
rendu à nouveau de grands services. En beaucoup
de cas, j'ai observé qu'elle amène en très peu de
temps un changement favorable surprenant ; surtout dans les mélancolies élémentaires, c'est-à-dire
celles où il n'y a pas encore de complications d'i-
dées fausses ou d'hallucinations. Dans les deux
dernières années principalement, j'ai eu l'occasion
de traiter beaucoup de ces mélancolies élémentaires
causées par l'influenza. Je fus de plus en plus convaincu que, pour obtenir un résultat chez ces malades, il fallait leur suggérer le repos psychique.
Non seulement au commencement de la mélancolie,
mais aussi au plus haut degré de cette maladie

compliquée même par des idées fausses et des hallucinations, j'observais dans quelque cas la bonne influence de l'hypnose et de la suggestion.

« Il va sans dire que parmi des femmes mélancoliques, on en trouve plusieurs qui sont réfractaires au traitement hypnotique et qui exigent grande patience de la part du médecin. — En quelques cas, les malades, jusqu'ici réfractaires, tombaient en hypnose par suggestion verbale, après avoir pris quelques médicaments soporifiques, comme le sulfonal, ou bien un bromure ou tout autre. Peu à peu, chez ces malades, je ne me trouvai plus forcé de donner des médicaments, l'hypnose et la suggestion seules suffisaient au repos psychique » (1).

Cependant, M. de Jong avoue que si, dans ces formes à peine indiquées de psychopathie, il a obtenu des résultats excellents, il n'en a pas été de même dans les folies confirmées, et que dans la manie, la monomanie, la folie hallucinatoire, il n'a réussi à provoquer aucun changement appréciable.

Nous ne mettons pas en doute les assertions que contient le passage que nous venons de citer ; nous

(1) De Jong. *Quelques observations sur la valeur médicale de la psychothérapie.* (Société d'hypnologie, 1891.)

pensons même que dans la plupart de ces états dépressifs mal caractérisés qui s'accompagnent de
doute et d'aboulie, la suggestion hypnotique, quand
elle est possible, est le remède de choix. Ce n'est
en somme qu'un perfectionnement du traitement
moral employé de longue date par tous les médecins aliénistes.

Les obsessions et les impulsions des dégénérés
et des héréditaires peuvent-elles être modifiées par
la suggestion hypnotique?

M. Bérillon a traité par ce procédé différents cas
de ce genre et a obtenu de bons résultats : une
femme obsédée par l'idée de couper le cou à son
enfant ; une autre qui se plaignait d'être obsédée
par la crainte de se jeter par la fenêtre ; divers malades atteints d'inversion sexuelle, d'érotomanie,
d'onanisme irrésistible ; un enfant de sept ans qui
avait une étrange passion pour l'infusion de café ;
une jeune fille de vingt-trois ans consommant journellement une quantité considérable de grains de
café et y consacrant ses économies (1).

Les perversions sexuelles semblent un des troubles psychiques élémentaires qui paraissent devoir

(1) E. Bérillon. *Revue de l'hypnotisme*, 1891.

être utilement attaqués par la suggestion hypnotique. Dans un cas d'inversion sexuelle congénitale
M. von Krafft-Ebing obtint une rapide amélioration. Il y eut rechute, mais l'amélioration fut de
nouveau facilement obtenue. Dans un autre cas, le
même médecin obtint encore un résultat décisif.

« Un docteur en philosophie, âgé de trente-
quatre ans, légèrement neurasthénique, non dégénéré, se présenta dans l'espoir qu'il pourrait le guérir
de sa perversion sexuelle. Il n'avait jamais éprouvé
aucun attrait pour le sexe féminin, mais il avait une
inclination très marquée pour les hommes. Il désirait vivement se marier, mais dans les conditions
présentes il trouvait la chose impossible.

« Dans la première séance, M. Krafft-Ebing lui
suggère d'avoir désormais pour les hommes l'indifférence qu'il avait pour les femmes.

« Cinq jours après le malade revient tout à fait
changé dans son caractère. Il sent que son énergie
et sa volonté sont augmentées.

« Les sept jours suivants, le malade est hypnotisé et M. Krafft-Ebing fait la même suggestion que
la première fois. Le malade retourne en Allemagne

complètement guéri de sa perversion sexuelle (1). »

Chez un dégénéré type, onaniste, inverti, pédé-
raste, sujet à des obsessions et à des impulsions de
toute nature, M. Ladame parvint à obtenir une
réelle amélioration. L'hypnotisation fut difficile et
provoqua, au début, des accidents nerveux qui n'é-
taient pas dénués de gravité. Le malade, en particulier, se sentait pris, pendant les tentatives
d'hypnose, de l'impulsion soudaine à frapper son
médecin. Au bout de vingt-cinq séances, il était
beaucoup mieux. Il se sentait de plus en plus indif-
férent aux pensées mauvaises qui remplissaient
son imagination. Peu à peu les suggestions furent
espacées et renouvelées une fois par mois seulement. Le malade avait repris sa vie habituelle dans
de conditions mentales satisfaisantes, mais conti-
nuait à éviter autant que possible la société des
femmes.

Nous ne pouvons mieux terminer ce paragraphe
qu'en citant les conclusions de l'auteur qui sont

(1) E. Berger. *Recherches de thérapeutique sur la suggestion dans l'École de psychiatrie autrichienne.* (*Revue de l'hypnotisme,* 1890-91)

marquées au coin de la prudence et de la modéra-
tion.

« Je crois pouvoir conclure que nous possédons
dans la suggestion hypnotique un agent efficace,
dans certaines circonstances, contre tel ou tel
symptôme mental, se manifestant comme obsession
ou comme impulsion. C'est un traitement sympto-
matique qui ne modifie en aucune façon, cela va
sans-dire, la nature de la maladie, le moule cérébral pathologique original du malade, le fond psychique dégénératif sur lequel se développent les
obsessions et les impulsions. Il n'en est pas moins
vrai qu'au point de vue des résultats pratiques, le
traitement par l'hypnotisme de certaines formes
d'aliénation mentale restera une précieuse acquisi-
tion de la thérapeutique, en psychiatrie » (1).

IV

FOLIES TOXIQUES, ALCOOLISME, DIPSOMANIE, MORPHINOMANIE

Les habitudes d'intoxication par l'alcool et les
substances excitantes en général peuvent provenir

(1) Ladame. *Revue de l'hypnotisme*, 1890.

de plusieurs causes. Le plus souvent, elles sont le résultat d'une faiblesse de la volonté, impuissante à réagir contre l'appétit de plus en plus irrésistible de la boisson préférée. Dans quelques cas, elles résultent d'une maladie mentale paroxystique se produisant sous forme d'accès et s'accompagnant de symptômes, toujours les mêmes, précédant et accompagnant l'impulsion à absorber la substance toxique. Le premier cas répond à l'ivrognerie pure et simple, le second à un syndrôme monomaniaque : la *dipsomanie*.

Or, si on comprend sans peine que l'ivrognerie pure et simple soit justiciable dans une assez large mesure de la suggestion hypnotique, on ne s'explique pas aussi facilement qu'il en soit de même de la dipsomanie. Cette dernière, qu'elle soit simple ou accompagnée d'autres syndrômes impulsifs, a des allures qu'on peut qualifier de graves d'une façon générale, et qu'au point de vue clinique, je qualifierais volontiers d'épileptoïdes. En fait, elle s'accompagne parfois d'accès d'épilepsie frustes.

Ce qui complique le problème, c'est d'abord qu'il existe entre l'ivrognerie pure et la dipsomanie une transition graduée par des cas mixtes. Il est

des alcooliques qui ne sont pas des ivrognes simples,
qui ne sont pas de vrais dipsomanes, mais chez
lesquels il existe néanmoins des tendances dipsomaniaques. C'est ensuite que les médecins qui
se sont occupés du traitement psychique des alcooliques ne se sont pas toujours attachés à faire un
diagnostic rigoureux et qu'ils emploient souvent
le terme dipsomanie là où celui d'ivrognerie eût
été le seul exact. Pour ces motifs, nous nous voyons
obligés d'étudier ensemble le traitement psychique
de ces deux états qui, en réalité, n'ont souvent ensemble que des rapports très éloignés.

Cependant, quand un aliéniste de la valeur de
M. A. Voisin vient nous dire qu'il guérit la dipsomanie par suggestion, force nous est bien d'examiner les faits qu'il avance et de nous garder de
toute prévention théorique.

C'est en 1885, au Congrès de Grenoble pour l'a-
vancement des sciences, qu'il fit connaître son premier succès. Il s'agissait d'un homme de trente-
cinq ans qui, depuis dix ans, était atteint d'une
dipsomanie dont les accès se répétaient régulièrement deux fois par mois et duraient chaque fois
dix jours consécutifs. Il fut possible de l'hypnoti-

ser.dès la première séance, et, en deux jours, par
des suggestions faites pendant le sommeil hypnotique,.M. Voisin obtint la disparition du syndrôme.
Deux ans après il n'y avait pas même tendance à
la récidive.

En 1887 et 1888, le même auteur présentait de
nouveaux cas de guérison obtenue chez des femmes.
Ce ne sont peut-être pas des cas de dipsomanie
très purs, néanmoins, il ne s'agissait pas d'ivrognerie simple; les tendances dipsomaniaques étaient
réelles (1).

Parmi les quarante et un aliénés que M. Forel (2)
a traités à l'asile de Burghœzli se trouvaient quatre
alcooliques, dont trois endurcis et disposés, à leur
sortie, à se dédommager de leur abstinence impo-
sée. Tous les quatre furent facilement hypnotisés.
Au bout de quelques jours, ils avaient complètement
changé d'attitude. Un des quatre, cependant, malgré l'état somnambulique dans lequel il était facilement plongé, fit quelque résistance et finit par
s'évader de l'asile. Mais M. Forel recevait quelques

(1) A. Voisin. *Revue de l'hypnotisme*, 1887-88.
(2) A. Jorel. *Einige therapeutische Versuche mit dem hyp-
notismus bei Geiteskrankeiten.* (*Correspondanzblatt*, 15 août
1887.)

jours après une lettre de sa femme où se trouvait
ce passage : « J'ai été bien effrayée au premier
moment de l'arrivée inopinée de mon mari, mais
il est tout à fait transformé, sérieux et zélé travail-
leur ; il repousse énergiquement toute autre boisson
que l'eau ». Quant aux trois premiers, ils quittè-
rent l'asile en complète guérison.

M. Ladame a publié, dans le même ordre de faits,
plusieurs observations intéressantes (1).

L'une concerne un jeune homme atteint de dipsomanie vraie, sans antécédents héréditaires, qui,
enivré fortuitement dans son enfance par une personne déraisonnable, semble avoir puisé dans cet
événement, l'appétence morbide qui se développa
plus tard chez lui sous forme de paroxysmes. Le
traitement fut long et difficile, il fallut plusieurs
semaines avant d'obtenir le sommeil ; mais au bout
de deux mois et demi, le malade n'eut plus du tout
d'accès de mélancolie :

« Il a repris goût au travail et à la vie. Il n'a plus
le sentiment morbide de la soif qui le tourmentait
si fort auparavant. Il prétend qu'il a eu pendant

(1) Ladame. *Revue de l'hypnotisme*, 1887.

le traitement actuel, à deux ou trois reprises, de véritables accès de dipsomanie avortés. Il en a ressenti tous les symptômes avant-coureurs : malaises, angoisses, etc... sans que la crise éclatât.

« Aujourd'hui, le malade se considère comme tout à fait guéri. Il est complètement abstinent, et, malgré de nombreuses occasions qui auraient pu le faire retomber, il a jusqu'à présent résisté victorieusement à toutes les tentations. Il continue à venir de temps à autre se faire hypnotiser, comme mesure préventive. Il y a bientôt dix mois qu'il n'a plus eu de crises de dipsomanie, et tout fait espérer que, s'il continue à recevoir périodiquement les suggestions de s'abstenir, il sera tout à fait guéri. Je lui ai particulièrement demandé de venir sans délai demander une séance d'hypnotisme lorsqu'il sentirait quelques prodromes suspects annonçant l'approche d'un accès. »

La seconde a pour sujet une dame de trente-sept ans, mère de cinq enfants, ayant deux sœurs ivrognes et se livrant elle-même à des excès énormes de liqueurs alcooliques, telles que l'absinthe, le rhum, le vin et la bière. Elle avait des crises aiguës

d'alcoolisme avec hallucinations et délire. Elle fut
soumise à l'hypnotisation malgré elle, par la volonté
de son mari et s'y montra d'abord réfractaire. Peu
à peu, cependant, se manifesta de l'amélioration.
Depuis les séances d'hypnotisme, écrivait au bout
de quelques semaines son mari, il y a un grand
changement en bien de toute manière ; néanmoins
la suggestion n'opéra qu'avec une extrême lenteur,
ce ne fut qu'au bout de plusieurs mois qu'on put
la considérer comme guérie.

Ces observations montrent combien il faut de
patience et de ténacité au médecin hypnotiseur qui
a entrepris de pareilles cures. Elles montrent aussi
qu'il ne faut pas désespérer, même dans les cas les
plus défavorables.

M. Bérillon a apporté lui aussi son contingent
au traitement hypnotique de la dipsomanie. En
1891, il publiait deux observations (1).

Dans l'une, il s'agit d'un homme de trente-cinq
ans, ayant d'abord bu par entrainement, puis devenu dipsomane. Les crises, toutefois, n'avaient pas
un caractère paroxystique bien net ; il s'agissait
plutôt d'un ivrogne que d'un impulsif véritable.

(1) E. Bérillon. *Revue de l'hypnotisme*, 1891.

Après treize jours de traitement, il était guéri. Obligé de vivre au milieu de buveurs et de traiter les affaires le verre en main, il avait repris un tel empire sur lui-même qu'il ne buvait autre chose que du lait et de l'eau. Au bout de huit mois, cependant, il y eut une rechute, compliquée cette fois de délire alcoolique. Un nouveau traitement suggestif ramena la santé qui depuis paraît s'être maintenue.

Une seconde observation du même auteur concerne une jeune fille héréditaire, hystérique, kleptomane et dipsomane dont les crises coïncidaient avec le retour des règles. Elle fut facilement plongée en somnambulisme et sous l'influence de la suggestion parut débarrassée de ses impulsions. En cinq mois elle fit trois rechutes mais chaque fois l'accès put être enrayé par la suggestion.

L'auteur ne se fait pas illusion sur la probabilité de nouvelles rechutes et ne prétend pas avoir obtenu autre chose qu'une guérison de symptômes, mais ce résultat, en lui-même, est déjà satisfaisant, car il faut bien souvent, dans la pratique médicale, se résigner à n'obtenir que des résultats relatifs.

En terminant son travail, l'auteur fait remarquer

avec raison qu'il ne suffit pas pour les guérir, de suggestionner les malades, mais qu'il faut encore, comme le démontrent ses observations, qu'ils soient dans des conditions de milieu favorables, ce qui est loin d'être toujours le cas.

« Par le traitement psychique, dit M. de Jong, j'ai obtenu de grands resultats chez les alcooliques.

« Un assez grand nombre de ces malheureux, démoralisés par l'intoxication chronique de l'alcool, furent guéris de cette façon et rendus à leur famille et à la société. Je ne sais pas si la guérison resta permanente dans tous les cas que je traitai; mais, chez quelques personnes que j'avais l'occasion de contrôler encore plus tard, je pus constater qu'elle est restée durable après deux ou trois ans(1). »

Le Dr Hubert Neilson (Canada) a traité en tout cinq cas d'ivrognerie invétérée chez des militaires par la suggestion hypnotique; et il a obtenu les résultats suivants : deux guérisons, une amélioration, deux insuccès. D'après l'expérience qu'il a acquise dans le traitement de ses divers malades, il croit pouvoir conclure que; étant donné un sujet suffi-

_____
(1) De Jong. *Congrès de l'hypnotisme* de 1889.

CULLERRE. Thérapeut. suggestive.   16

samment suggestible, douze à treize séances espacées pendant six mois et plus, suivant la gravité des cas, devront suffire à amener une guérison complète.

Des sujets suffisamment suggestibles, c'est précisément ce qui ne se rencontre pas aussi souvent que le feraient croire les communications des auteurs que nous avons cités.

« Mon expérience personnelle, écrit le Dr Lloyd-Tuckey, s'étend à plus de trente cas de dipsomanie traités par la suggestion hypnotique et j'ai vu le traitement réussir d'une façon permanente, au moins en apparence, dans la moitié des cas. Une dame de ma connaissance, très philanthrope, a soigné cinq jeunes filles dans un dispensaire spécial. Trois d'entre elles sont restées sobres, bien qu'elles soient actuellement sorties depuis un an et exposées à de nombreuses tentations (1). »

Parmi les observations publiées par l'auteur, nous ne trouvons pas seulement des cas de dipsomanie, mais aussi des cas d'ivrognerie pure. On y voit la suggestion avoir des succès assez divers : tantôt elle guérit simplement; tantôt, après avoir

(1) Lloyd Tukey. *Revue de l'hypnotisme*, 1891.

été efficace, elle perd toute vertu et se heurte à une insensibilité acquise (ce n'est pas dans le traitement de l'alcoolisme seul que se manifeste cette diminution graduelle de l'efficacité de la suggestion); tantôt elle échoue d'emblée, d'une façon absolue. L'auteur conclut de ses observations que le traitement hypnotique réussit surtout dans les cas d'ivrognerie acquise sans prédisposition héréditaire, quand le malade, ayant le désir d'être guéri, manque de la force de volonté nécessaire pour que ses efforts soient couronnés de succès.

A côté de l'intoxication par l'alcool, il convient de placer, par rang d'importance, l'intoxication par la morphine. Divers cas de morphinomanie ont été traités et guéris par la suggestion hypnotique.

M. A. Voisin en a publié un en 1886. L'auteur, en terminant la relation de ce cas, déclare avoir recueilli plusieurs autres observations de guérison de morphinomanes par la suggestion hypnotique (1).

En 1889, le Dr Burckhardt, de Préfargier, en relatait deux nouveaux dans un mémoire consacré à

(1) A. Voisin. *Revue de l'hypnotisme*, 1886.

l'application de l'hypnotisme aux maladies mentales; mais l'auteur semble n'avoir fait usage que
du sommeil hypnotique, sans suggestion.

Enfin, on doit à M. Wetterstrand, de Stockholm,
un mémoire important sur le traitement de la
morphinomanie par la suggestion hypnotique (1).

« J'ai, dit-il, traité vingt-deux cas de morphinomanie par la suggestion hypnotique. Dans deux
cas, l'entêtement des malades empêcha la guérison. Dans un troisième, le malade me laissa sans
nouvelles ultérieures; les dix-neuf autres ont été
suivis de guérison Un malade qui absorbait plus
d'un gramme de morphine par jour, depuis plus
de trois ans (il en avait pris l'habitude pendant
une maladie au Caire), fut débarrassé de son habitude en quinze jours. Il mourut plus tard d'une
pneumonie. Mon expérience m'a enseigné qu'il est
difficile d'acquérir de l'influence sur les morphinomanes; on a besoin de temps et de beaucoup de
patience pour arriver au but, mais le médecin ac-
coutumé au traitement suggestif peut être sûr du
succès. »

(1) Wetterstrand. *Revue de l'hypnotisme*, 1891.

M. Wetterstrand termine en remarquant que l'espoir de guérison des morphinomanes est en raison directe de l'état de faiblesse dans lequel ils se trouvent.

CHAPITRE VI

La suggestion hypnotique dans ses rapports avec la chirurgie et les accouchements.

I

ANESTHÉSIE CHIRURGICALE

L'anesthésie est un des phénomènes les plus constants du sommeil hypnotique et en même temps l'un de ceux qu'il est le plus facile de provoquer par suggestion. Aussi a-t-on cherché à utiliser l'anesthésie hypnotique pour pratiquer les opérations chirurgicales.

D'assez nombreuses opérations, et des plus graves, ont été faites à diverses époques pendant l'anesthésie du sommeil magnétique oa hypnotique.

Le 12 avril 1829, Cloquet fit une opération de cancer du sein sur une dame âgée de soixante-quatre ans, pendant qu'elle était plongée en somnambulisme. Elle ne ressentit aucune douleur et ne conserva aucun souvenir de l'opération.

En 1846, le Dr Loysel (de Cherbourg) extirpait une tumeur de la région mastoïdienne chez une fille de trente ans endormie. A son réveil, elle déclara qu'elle ne souffrait pas, qu'elle n'avait éprouvé aucune douleur et n'avait conservé aucun souvenir de ce qui venait de se passer. Le même chirurgien, en quelques mois, en était arrivé à sa douzième opération, pratiquée pendant le sommeil magnétique...

A la même époque, Fanton, Toswel et Joly (de Londres) firent l'amputation de deux cuisses et d'un bras (1).

En 1847, deux médecins de Poitiers, MM. Ribaud et Kiaro, opérant une jeune fille atteinte d'une tumeur du maxillaire, firent dans une première séance l'incision de la tumeur, et dans une seconde l'extraction d'une dent, dans la troisième l'extirpation du néoplasme, le tout sans douleur. « Ce long et cruel travail, lit-on dans un journal, avait plutôt rassemblé à une leçon de dissection faite à des élèves sur un cadavre qu'à une opération pratiquée sur un corps animé de la vie ».

Le 4 décembre 1859, MM. Broca et Follin ont pra-

(1) Dr Philips. *Cours théorique et pratique du Braidisme.*

tiqué à Paris l'incision d'un abcès à l'anus sur une femme de quarante ans, hypnotisée. L'opération s'est accomplie sans douleur.

Quelques jours plus tard, le Dr Guérineau (de Poitiers) amputa la cuisse d'un homme pendant l'anesthésie hypnotique. Le patient n'éprouva aucune douleur, mais eut pleine conscience de l'opération. « J'ai senti, dit-il, ce qu'on m'a fait, et la preuve, c'est que la cuisse a été coupée au moment où vous me demandiez si j'éprouvais quelque douleur (1).

Le Dr Esdaile, chirurgien des hôpitaux de Calcutta, écrivait à Braid, vers la même époque, qu'il avait en six ans exécuté plus de six cents opérations capitales de toute espèce pendant le sommeil magnétique. Sur sa demande, le gouvernement nomma une commission chargée de vérifier la réalité de ses allégations. Cette commission, composée de médecins, de chirurgiens et de quelques personnes étrangères à la science, rédigea, à la suite d'expériences, un curieux rapport dont nous extrayons le passage suivant:

« Dans le cas de N..., il n'y eut pas le plus léger indice de sensation. L'opération, qui consistait dans

(1) Guérineau. *Gazette des hôpitaux*, 29 octobre 1859.

l'ablation d'un sarcocèle, dura quatre minutes. Ni ses bras, ni ses jambes n'étaient maintenus. Il ne fit aucun mouvement, ne gémit, ni ne changea de contenance, et quand il fut réveillé, il déclara n'avoir nul souvenir de ce qui s'était passé.

« H... émacié, ayant la jambe gangrenée, fut amputé de la cuisse sans qu'aucun signe décelât la douleur.

« M... (l'opération était très grave) remua le corps et les bras, respira par saccades et changea d'aspect, sans pourtant que ses traits exprimassent la souffrance ; aussi, éveillé, déclare-t-il ignorer ce qui était advenu durant son sommeil...

« Dans les trois autres cas, la Commission observa, durant les opérations, divers phénomènes qui ont besoin d'être mentionnés spécialement. Bien que les patients n'ouvrissent point les yeux, n'articulassent aucun son et n'eussent besoin d'être tenus, il y avait des mouvements vagues et convulsifs des membres supérieurs, contorsions du corps, distorsion des traits, donnant à la face une hideuse expression de douleur comprimée ; la respiration devint saccadée, longuement suspirieuse. Il y avait tous les signes d'une souffrance intense,

et l'aspect que devrait présenter un muet soumis
à une opération, excepté la résistance à l'opérateur.

« Mais dans tous les cas, sans exception, les
patients n'avaient ni connaissance, ni souvenir de
l'opération, niant avoir rêvé, et n'accusant aucune
douleur, jusqu'à ce qu'on eût attiré leur attention
sur l'endroit opéré (1). »

Les succès du Dr Esdaile étaient donc avérés. Il
faut croire que les Indous sont extrêmement pré-
disposés au sommeil hypnotique, car nous dou-
tons qu'en Europe il eût pu obtenir de pareils
résultats.

Le seul avantage de l'anesthésie hypnotique sur
l'anesthésie chloroformique c'est qu'elle est obtenue sans l'ingestion d'une substance toxique, dont
l'emploi n'est pas exempt de dangers. Mais aussi
que de désavantages! Tout le monde ne peut être
hypnotisé; tous les hypnotisés ne sont pas insensibles; la plupart de ces derniers, comme nous
l'enseignent les citations précédentes, réagissent
violemment comme s'ils éprouvaient une douleur

(1) Du Potet. *Traité complet du magnétisme animal*, Paris,
1883.

réelle; enfin, l'émotion causée par la crainte de l'opération suffirait en certains cas, même chez les sujets les plus hypnotisables, à faire échouer toute tentative d'hypnotisation.

Ce sont sans doute ces raisons qui ont fait que l'anesthésie chirurgicale par suggestion n'a pas fait de grands pas depuis l'époque lointaine où se sont passés les faits que nous venons de rapporter.

Dans son livre sur la suggestion, M. Bernheim cite incidemment deux faits se rattachant à l'anesthésie chirurgicale par l'hypnotisme. Un sujet de l'une de ses observations guéri par suggestion de manifestations nerveuses graves consécutives à une commotion cérébrale, subit un jour l'extraction de cinq racines dentaires sans manifester la moindre douleur. Le chef de clinique lui tortura les alvéoles avec ses instruments pendant vingt bonnes minutes; on lui avait affirmé avant l'opération qu'il ne ressentirait rien et qu'il rirait. Il ne manifesta en effet aucune souffrance, et cracha son sang en riant (1).

Une autre de ses malades, atteinte de métrite parenchymateuse et traitée par l'hypnotisme pour

(1) Bernheim. *De la suggestion*, etc.

des troubles névropathiques concomitants, avait
un petit abcès à la fesse gauche; on le lui ouvrit
pendant le sommeil provoqué sans qu'elle se rap-
pelât rien au réveil.

En 1886, M. Pozzi, chirurgien de Lourcine, réussit aussi une opération pendant l'anesthésie hypnotique (1).

Le Dr Fort a communiqué au Congrès de l'hypnotisme de 1889, une intéressante observation
d'opération chirurgicale exécutée par lui pendant
le sommeil hypnotique, la voici :

« Le 21 octobre 1887, un jeune Italien, employé
de commerce, Jean Marabotti, se présente à moi et
me demande de lui faire l'extraction d'une loupe
siégeant à la région frontale, un peu au-dessus du
sourcil droit. La tumeur a le volume d'une noix.

« Reculant devant l'emploi du chloroforme, que
le malade désire, je me livre sur lui à une courte
expérience d'hypnotisation. Voyant que j'ai affaire
à un sujet hypnotisable, je lui promets de lui faire
l'extraction de sa tumeur sans douleur et sans employer le chloroforme.

(1) Pozzi. *Gazette médicale*, 16 avril 1887.

« Le lendemain, je le fais asseoir sur une chaise et je le plonge dans le sommeil hypnotique par la fixation du regard, ce qui a lieu en moins d'une minute.

« Les docteurs Triani et Colombo, médecins italiens, présents à l'opération, constatent que le sujet a perdu toute sensibilité et que ses muscles conservent toutes les positions qu'on leur donne, comme dans l'état cataleptique. Il ne voit rien, il ne sent rien, il n'entend rien ; son cerveau reste en communication avec moi seul.

« Dès que nous eûmes constaté que le malade était complètement plongé dans le sommeil hypnotique, je lui dis : « *Vous dormirez pendant un quart d'heure* » sachant que l'opération ne durerait pas plus longtemps. Il resta assis parfaitement immobile.

« Je fis une incision transversale, de six centimètres de long, je disséquai la tumeur que j'enlevai entière, je pinçai des vaisseaux avec des pinces hémostatiques de Péan, je lavai la plaie et j'appliquai le pansement. Je ne fis pas une seule ligature.

« Le malade dormait toujours.

« Pour maintenir le pensement, j'enroulai une

bande autour de la tête. Je disais au malade :
« Baissez la tête, levez la tête, penchez la tête à
droite, à gauche » ; il obéissait avec une précision
mathématique.

« Lorsque tout fut terminé, je lui dis « réveillez-vous ».

« Il se réveilla et déclara qu'il n'avait rien senti,
qu'il ne souffrait pas ; et il se retira à pied, comme
s'il n'avait pas été touché.

« L'appareil fut enlevé cinq jours après ; la
cicatrisation était complète (1). »

Le Dr E. Wood, de Minnéapolis n'a pas été moins
heureux dans un cas d'ostéo-myélite opérée par lui.

« A. S..., jeune homme de dix-sept ans, de natio-
nalité suédoise, entre à l'hôpital le 8 septembre 1889
pour une ostéo-myélite du tiers supérieur de l'hu-
mérus. Il ressentait une vive douleur au niveau
de la région malade. Le bras était rouge et tumé-
fié ; les mouvements de l'articulation scapulo-
humérale et ceux du coude étaient très limités et
tout le membre supérieur était condamné à une

(1) Fort. *Revue de l'hypnotisme*, 1890.

immobilité presque absolue. Le malade présentait trois ouvertures de fistules ; l'une débouchait directement dans le creux de l'aisselle, une autre au-dessous du niveau de l'insertion humérale du deltoïde la troisième à la partie postérieure du bras.

« Le Dr Toll l'hypnotisa trois fois dans les trois jours qui précédèrent l'opération afin de l'y habituer. Le 9 septembre, au matin, l'opération étant décidée, on l'hypnotisa dans son lit, puis on le conduisit à l'amphithéâtre où on le fit coucher sur la table. Les fistules furent explorées, grattées, injectées, puis on fit une incision de quatre pouces de long à la face externe du tiers supérieur du bras, jusqu'à l'os, et à l'aide du ciseau on fit une ouverture de trois pouces de long et de trois quarts de pouce de large jusqu'au canal médullaire ; ce qui fut assez difficile à exécuter à cause de l'éburnation de l'os.

« Je n'ai point l'intention d'entrer dans tous les détails techniques de l'opération, ni dans toutes les considérations que pourrait provoquer l'étude clinique de la lésion. Je me bornerai à dire que toutes les précautions antiseptiques de rigueur furent prises. Après avoir placé des drains dans

les incisions, la pláie fut pansée avec la gaze iodo-
formée. Le pansement et l'application des bandages
purent se faire avec une grande facilité, parce que
le patient, encore en état cataleptique, pouvait se
tourner, se lever, s'asseoir à notre commandement.

« A neuf heures cinquante, il fut ramené à son
lit; on lui fit la suggestion de dormir jusqu'à midi,
heure à laquelle il se réveillerait, pourrait s'asseoir
sur son lit et demanderait à manger; on lui défen-
dit de faire le moindre mouvement jusqu'à son
réveil.

« Il resta parfaitement endormi jusqu'à l'heure
fixée et, à midi précis, on le vit s'asseoir sur son
lit et étendre le bras sain; il prononça alors les
paroles suivantes : « M. le Dʳ Toll a dit qu'il fallait
me donner à manger à midi » (1).

L'auteur fait observer avec raison qu'une amputation du bras n'eût pas été plus douloureuse que
cette opération. Il avait vu à maintes reprises faire
de petites opérations sur des malades hypnotisés,
mais ce cas fut pour lui une véritable révélation et

(1) E. Wood. *Revue de l'hypnotisme*, 1890.

il n'hésitera pas désormais à recourir à l'anesthésie hypnotique chaque fois qu'il se trouvera en présence d'un sujet hypnotisable:

En 1890, M. Mesnet présentait à l'Académie de Médecine une observation des plus intéressantes. Il s'agissait d'une opération pratiquée par M. Tillaux pendant le sommeil hypnotique pour une cystocèle vaginale.

Le Dr Neech a communiqué en 1890 à l'Association médicale britannique une observation d'amputation d'un doigt faite par lui avec un plein succès pendant l'anesthésie hypnotique. Le patient, en s'éveillant, assura n'avoir éprouvé aucune douleur.

Le Dr Velander a fait l'iridectomie deux fois, l'extraction de kystes une fois, l'opération de Bowman deux fois, l'extraction de dents plus de vingt fois, pendant l'hypnose, avec amnésie complète ou presque complète au réveil (1).

Nous devons au Dr Auard Martinez Diaz, de Cuba, plusieurs observations d'anesthésie chirurgicale par suggestion. Ce médecin commença par employer ce procédé d'anesthésie pour de petites opé-

(1) *Revue de l'hypnotisme,* 1890.

CULLERRE. Thérapeut. suggestive. 17

rations, incision de furoncles, d'adénites, de pa-
naris. Bientôt il s'enhardit, et chez une femme
atteinte d'un abcès du maxillaire supérieur, il dé-
brida la gencive, fit laborieusement l'extraction
d'une racine qui tenait beaucoup en raison d'anciennes périostites et réveilla la malade qui n'avait
donné aucun signe de douleur et déclara n'avoir
absolument rien senti.

A une jeune fille de seize ans, il fit l'extirpation
de deux ongles incarnés; chez une autre, il put
soigner localement une angine pseudo-membra-
neuse qui nécessitait l'emploi d'applications antiseptiques (1).

Le 28 mars 1890 se réunissaient à Londres, chez
MM. Carter et Turner, chirurgiens-dentistes, un
certain nombre de médecins désireux d'assister à
des opérations dentaires et chirurgicales faites sous
l'influence de l'hypnotisme. Le premier cas fut
celui d'une femme de vingt-cinq ans, endormie par
le Dr Bramwell, à qui on annonça qu'on allait lui
arracher trois dents sans douleur, et sans qu'elle
fasse d'autres mouvements que ceux que comman-

---

(1) Auard Martinez Diaz. *Revue de l'hypnotisme*, 1892.

derait l'opérateur. Réveillée, après l'opération, elle
déclara qu'elle n'avait pas souffert.

Le deuxième cas fut celui d'une servante de dix-
neuf ans, qui, dans le sommeil hypnotique, avait
déjà été opérée sans douleur d'un abcès lacrymal.
Le Dr Bramwell l'envoyait à M. Turner avec la lettre
suivante : « Je vous envoie une malade avec l'ordre
ci-contre. Quand vous le lui donnerez, elle s'en-
dormira aussitôt et obéira à vos ordres. » Cet ordre
était ainsi conçu : « Endormez-vous de suite par
l'ordre du Dr Bramwell et obéissez aux ordres de
M. Turner. » Le sommeil fut si profond qu'on lui
enleva seize chicots sans douleur. Pendant le sommeil, on remarqua une diminution de la salive,
une abolition du réflexe cornéen, une respiration
plus bruyante et un pouls plus lent.

A un garçon de huit ans, encore peu entraîné à
l'hypnose, M. Mage Brabson enleva une exostose
et la moitié de la première phalange du gros orteil.
Il ne poussa que quelques cris à la fin de l'opération, et une fois réveillé, il n'a pas semblé se rendre
compte de ce qui s'était passé.

Le Dr Heinetson enleva ensuite les amydales à
une fille de quinze ans ; il enleva aussi un kyste

de la grandeur d'une fève à une jeune femme.

Le Dr Turner enleva deux dents à un homme qui avait été guéri d'habitudes alcooliques par la suggestion hypnotique.

Enfin M. Carter enleva un chicot à un homme guéri par l'hypnotisme d'une névralgie faciale rebelle (1). Cet homme dormait la nuit sur un ordre écrit ou sur un télégramme du Dr Bramwell.

Je citerai encore une opération de phimosis que j'ai eu l'occasion de faire chez un jeune hystérique atteint d'inversion sexuelle, opération qui réussit à merveille, malgré les appréhensions du malade.

« C'était un garçon de dix-neuf ans, cuisinier, ayant dès son enfance manifesté un tempérament féminin très accentué, ne voulant vivre qu'au milieu des femmes, ne s'occupant qu'à des ouvrages de femmes, et n'ayant jamais eu de rapports sexuels. Il avait un phimosis sur le compte duquel il mettait son indifférence envers les femmes, protestant que cette infirmité le rendait trop timide. Ayant réussi par la suggestion hypnotique à éloigner et même à arrêter ses grandes attaques convulsives,

(1) Voyez chapitre III.

je lui proposai de l'opérer, en lui suggérant que cela lui donnerait l'aplomb qui lui avait manqué jusque-là et développerait sa virilité.

Il accepta. La date de l'opération fut fixée au 27 octobre 1890. Quelques jours auparavant, il avait essayé de se familiariser avec l'idée de l'opération, mais il n'en manifestait pas moins une appréhension très grande se traduisant par des larmes et un tremblement de tous les membres. Il déclara ne vouloir pas être hypnotisé parce qu'il était sûr de sentir; qu'il fallait l'endormir par le chloroforme. Ne pouvant lui persuader que ses craintes étaient vaines, je composai, lui promettant d'employer l'anesthésie locale, et au moment où son attention était attirée par la mise en marche de l'appareil de Richardson, je le fixai brusquement et l'endormis en quelques secondes.

« Aussitôt, le malade, en somnambulisme, manifeste des appréhensions très vives; il déclare qu'endormi sa sensibilité est conservée, qu'il va horriblement souffrir. Je lui suggère une anesthésie complète : après quelque résistance, il consent à ne pas sentir, mais demande à être averti du moment où commencera l'opération. Pendant qu'un aide

l'amuse en entretenant la conversation, en lui parlant cuisine, et en lui demandant la recette d'un
certain pâté de sa composition, une incision en V
est faite en deux temps avec des ciseaux sans que
le malade ait manifesté le moindre tressaillement;
puis j'applique une couronne de sutures. Le malade
à ce moment demande si l'on commencera bientôt.
Cependant, quand le quatrième point de suture est
passé, il accuse des picotements dans la partie
opérée; on le rassure. Pendant que, l'opération
terminée, on procède au pansement, il se plaint
de faiblesse et de nausées et nous conjure de commencer parce qu'il se sent en aller; en effet, il
pâlit, son front se couvre de sueur et une syncope
se dessine. Aussitôt je le réveille. Tous ses symptômes disparaissent séance tenante et le malade
apprend avec plaisir que tout est terminé; il déclare
n'avoir rien senti et commande une omelette pour
son déjeuner.

Cette observation me paraît intéressante en ce
que l'anesthésie chirurgicale a été obtenue complète, absolue, par suggestion hypnotique, malgré
les auto-suggestions contraires du malade. J'avoue

qu'en commençant l'opération, je ne m'attendais pas à la faire dans des conditions aussi satisfaisantes. L'insensibilité était complète dans tous ses modes, au point que le malade ne sentait même pas que l'opération avait eu lieu.

Un procédé original consiste à provoquer l'anesthésie chirurgicale par suggestion posthypnotique.

En 1886, M. le professeur Pitres a publié une observation d'abcès ouvert sans douleur, à l'état de veille, après suggestion d'anesthésie donnée en état hypnotique :

« La malade est une hystérique de mon service qui est facilement hypnotisable et suggestible. Elle est, à l'état habituel, hémianesthésique du côté droit ; le côté gauche de son corps a conservé sa sensibilité normale. Or, sur sa cuisse gauche, un petit phlegmon s'est développé à la suite d'une injection de morphine. L'évolution de ce phlegmon n'a rien présenté de particulier. La tuméfaction des tissus sous-cutanés a le volume d'un gros œuf de poule, la peau est rouge, violacée, chaude, et, au centre des parties indurées, on sent manifestement de la fluctuation. Toute la région enflammée est d'une sensibilité exquise; elle est le siège, depuis la nuit précédente, d'élancements douloureux très aigus; on ne peut la toucher sans arracher des cris et des larmes à la malade, qui refuse absolument de laisser ouvrir son abcès.

« L'occasion m'a paru bonne pour essayer la puissance de la suggestion. J'ai placé la malade dans le sommeil hypnotique, puis je lui ai intimé l'ordre de laisser ouvrir son abcès sans protester et de ne plus sentir, après qu'elle sera éveillée, aucune espèce de douleur au niveau de la cuisse gauche, même quand on enfoncera le bistouri dans la peau. Si la suggestion n'est pas une supercherie habilement exploitée par les malades, nous pourrons ouvrir tranquillement l'abcès de notre hystérique, en évacuer le contenu, en presser les bords, sans être gêné par des cris et des mouvements de défense, puisque la douleur sera totalement supprimée.

« La malade étant endormie par fixation du regard, on lui donne la suggestion convenue, puis on la réveille. M. A. Boursier prend un bistouri, incise lestement, et couche par couche, la peau qui recouvre le phlegmon. L'incision donne issue à la valeur d'un verre à bordeaux de pus épais, crémeux, de coloration rougeâtre.

« Les bords de la plaie sont comprimés fortement pour évacuer, en totalité, le contenu de l'abcès. Pendant tout ce temps la malade regarde en souriant l'opérateur; elle ne pousse pas un cri : elle est seulement fort étonnée, qu'on puisse ouvrir un abcès de ce volume et dont elle a tant souffert auparavant, sans qu'elle éprouve aucune espèce de douleur (1). »

La suggestion posthypnotique a encore d'autres succès à son actif. Un hystérique du service du Dʳ Mabille, à la Rochelle, avait le désir de se faire arracher une molaire atteinte de carie, mais l'opération le remplissait d'hésitation et de crainte.

« Après avoir endormi V..., par les moyens habituels, on lui fait la suggestion suivante : « V..., cinq minutes après votre réveil, vous nous demanderez de vous arracher votre dent; vous ouvrirez largement la bouche, et, quoi qu'on vous fasse, vous

(1) A. Pitres *Journal de médecine de Bordeaux*, 1886.

n'éprouverez aucune douleur; vous nous remercierez après l'opération.

« V..., quelques minutes après son réveil se conforme entièrement au programme qui lui a été tracé et l'on peut lui arracher sa dent, très solidement implantée, sans qu'il manifeste aucune douleur.

« Après l'extraction, V... nous remercie et exprime toute sa surprise d'avoir été ainsi soulagé. Depuis lors, quand on lui parle de sa dent, il vante la dextérité de l'opérateur qui dépasse pour lui toutes les bornes (1). »

Tel est à peu près le bilan de l'anesthésie chirurgicale. Elle ne sera jamais qu'un procédé d'exception, en raison des conditions très particulières qu'elle exige pour être provoquée, mais on ne peut nier que, quand elle est possible, elle ne possède de sérieux avantages dont les principaux sont l'innocuité et la sécurité.

(1) H. Mabille. *Revue de l'hypnotisme*, 1886.

II

ANESTHÉSIE OBSTÉTRICALE

L'anesthésie obstétricale est décidément un des succès de la psychothérapie. Elle a donné lieu à de nombreux travaux dont nous allons donner une rapide analyse.

Il y a longtemps que M. Liébeault a utilisé l'état hypnotique et la suggestion pour favoriser l'accouchement. Il cite dans son premier ouvrage l'exemple de deux femmes, qui, mises en somnambulisme, souffrirent peu pendant le travail et ne se souvinrent de rien, sauf pourtant que l'une d'elles se rappela quelques contractions de la fin (1).

Après un très long intervalle, il fut suivi dans cette voie par MM. Dumontpallier, Mesnet, Auvard et Secheyron, de Grandchamps, Luys, Braun ; MMes Debrovolsky; Blanche Edwards, etc. Nous oublions certainement bon nombre d'observateurs dans cette énumération imparfaite.

Mme le Dr Blanche Edwards ne peut pas être soupçonnée d'une grande tendresse envers la thérapeu-

(1) Liébeault. *Du sommeil provoqué*, etc. 2e édition, 1889.

tique suggestive, car elle écrivait en 1890 que les
faits observés par les cliniciens consciencieux sont
encore trop peu nombreux et trop disparates pour
servir de base à une théorie stable. Elle pousse la
sévérité jusqu'à dire que l'élément douleur, contre
lequel la suggestion se montre surtout puissante,
prête à la critique parce qu'il est peu contrôlable.
Nous lui devons cependant des observations d'une
grande valeur démonstrative, au point de vue de
l'influence thérapeutique de la suggestion et on se
demande comment, après avoir personnellement
acquis une telle expérience en la matière, elle
semble attacher si peu d'importance à celle des
autres.

Une de ses malades, hystérique, avait eu une
grossesse pénible et signalée par des métrorrhagies
durant quatre mois et demi. Un traitement judi-
cieux avait modéré à la fois les manifestations de
la diathèse et les pertes sanguines. Au moment de
l'accouchement, elle se sentit prise d'accidents
névropathiques qui engagèrent Mme Edwards à
essayer de la suggestion hypnotique.

« A mon arrivée, au moment des premières douleurs, la malade est nerveuse, sent ses étouffements et prévoit une attaque de nerfs. Elle sent une boule qui lui monte à chaque douleur, partant de l'ovaire remonté (facilement appréciable car elle a de l'ovarie) et gagnant la gorge ; battement des tempes. Elle commence quelques mouvements toniques. Par la pression orbitaire, je l'endors immédiatement (1re fois), lui affirme qu'elle n'aura pas d'attaques et qu'elle ne souffrira presque pas de son accouchement. « Vous sentirez qu'il y a une douleur, mais vous n'aurez pas mal ». Je ne voulais pas lui dire contraction sans douleur, ne lui ayant pas expliqué auparavant les termes et craignant d'arrêter le travail. Présentation O.I.G.A. Le travail se fit en trois heures et elle accoucha spontanément d'une fille de 3kg.530, en fort bon état. Elle souffrit, en effet, très peu, trouvant le temps long, ennuyeux, mais étonnée de ne pas sentir plus de douleur.

« Voici une douleur qui vient. — Non, je n'ai pas encore souffert ». Elle ne se consolait que sur mon affirmation que le travail marchait cependant. « Je n'ai pas souffert comme les autres fois, presque pas », disait-elle ensuite. Sa délivrance fut longue mais spontanée. Dès que l'accouchement fut terminé, elle fut beaucoup mieux et moins fatiguée que ne le sont d'ordinaire les patientes et fut rapidement améliorée. Depuis trois mois elle n'a jamais eu de nouveaux accidents nerveux et a cessé le drap mouillé (1). »

En 1891, Mme le Dr Marie Dobrovolsky a publié, sans commentaires, huit observations d'accouchements sans douleur sous l'influence de l'hypnotisme.

Ces observations sont intéressantes en ce que la puissance de la suggestion y ressort avec une grande évidence, la plupart de ses malades n'ayant pas dépassé un degré d'hypnose correspondant au sommeil léger. Et cependant, non seulement les périodes préparatoires du travail ont pu se passer sans souffrance, mais les contractions expulsives elles-mêmes n'ont pas provoqué de douleurs. Dans les cas où l'action suggestive devenait insuffisante, l'auteur avait recours à la suggestion indirecte, et faisait respirer à la malade une compresse trempée dans l'eau, en lui disant que cela enlevait la dou-

(1) Blanche Edwards. *Progrès médical*, 1890.

leur, et ce procédé, dans deux des cas cités, eut un plein succès (1). ..

Dans la *Revue d'hypnologie* (2), M. Luys a publié plusieurs observations d'anesthésie obstétricale obtenue par son procédé de fascination par les miroirs rotatifs. L'auteur en préconise les résultats heureux en disant qu'elle est non seulement bienfaisante en elle-même, en ce sens que, comme le chloroforme, elle supprime les douleurs du travail, mais encore qu'elle est sans danger pour la mère et pour l'enfant et incapable de produire les accidents terrifiants que l'on a à redouter avec cet anesthésique.

Mais l'anesthésie complète n'est pas de règle absolue ; il est plus fréquent de ne l'obtenir que dans les périodes les moins avancées du travail, et il arrive souvent que les grandes douleurs provoquent le réveil subit de la parturiente.

Le 26 février 1887, M. Dumontpallier communiquait à la Société de biologie un travail intitulé : *De l'analgésie hypnotique dans le travail de l'accouchement.* Ce mémoire avait pour base l'obser-

(1) Marie Dobrovolski. *Revue de l'hypnotisme*, 1891.
(2) Luys. *Revue d'hypnologie*, 1890.

vation d'une jeune femme de vingt-quatre ans, entrée, à son sixième mois de grossesse, dans le service de l'auteur. Elle était hypnotisable et facilement plongée en somnambulisme par la pression sur le vertex ou la suggestion verbale.

Le somnambulisme fut d'abord mis en usage pendant la grossesse pour calmer et faire disparaître des douleurs utérines qui se répétaient plusieurs fois par jour. Après la disparition des douleurs, on continua les pratiques jusqu'à la fin de la grossesse dans le but d'entraîner la malade. Au neuvième mois, on lui suggéra à diverses reprises que le travail commencerait tel jour, époque calculée d'après les dernières règles, et seulement en présence du chef de service lui-même.

Au jour dit, le travail n'eut pas lieu. Treize jours après, les premières douleurs commencèrent dans la nuit, d'abord faibles et rares, puis de plus en plus fortes et fréquentes, si bien que quand M. Dumontpallier arriva, la parturiente lui demanda de tenir sa promesse, de la faire accoucher sans douleur.

Le somnambulisme fut facilement déterminé par la pression sur le vertex. Les contractions utérines avaient lieu toutes les six à dix minutes et duraient,

de une minute à une minute, quarante-cinq secondes. La patiente les sentait très bien, mais affirmait
qu'elles n'étaient pas douloureuses. Venait-on à
la réveiller, aussitôt les douleurs étaient ressenties
et elle demandait à être endormie de nouveau.

Cependant, les violentes contractions la réveil-
laient en sursaut, ses yeux étaient hagards et sa
figure exprimait une très vive souffrance. Elle
pouvait néanmoins être endormie de nouveau.

Un peu plus d'une heure avant l'accouchement,
le somnambulisme ne peut plus être obtenu, les
douleurs étant trop vives; à huit heures quarante
du soir, l'accouchement était terminé; l'état hypnotique avait, dans cette longue journée, procuré
plusieurs heures d'analgésie à la malade.

Dans ce cas de M. Dumontpallier, plusieurs circonstances sont à noter, suivant l'auteur. Pendant
l'état de veille, on put constater que les contractions
étaient plus fortes, moins longues que dans l'état
somnambulique. Il y aurait donc lieu de recher-
cher si l'accouchement est plus lent pendant le
somnambulisme que pendant l'état de veille.

Dans l'état léthargique, le contraire semble
exister. Dans trois observations de la clinique de

Karl Braun, de Vienne, pendant la léthargie l'accouchement s'est fait très rapidement.

Dans ces mêmes cas, l'analgésie a été complète, les violentes contractions n'amenèrent pas le réveil et les patientes accouchèrent sans en avoir conscience.

L'analgésie somnambulique, fait observer l'auteur, peut donc être comparée à l'analgésie chloroformique obstétricale de Simpson, tandis que l'analgésie léthargique ressemblerait à la chloroformisation chirurgicale.

Toutefois, les observations subséquentes n'ont pas confirmé la réalité du ralentissement des douleurs dans l'état somnambulique.

Chez la malade de M. Mesnet, dont nous parlerons plus loin, la contractilité utérine n'a point été troublée; bien qu'elle fût primipare, le travail ne dura que six heures, sans arrêt, avec des contractions régulières et progressivement croissantes.

Du reste, la suggestion peut intervenir soit pour ralentir, soit pour activer l'acte physiologique de la parturition.

L'action de la suggestion sur la marche du travail de l'accouchement n'a pas lieu de nous surprendre, étant admis l'influence de cet agent sur le système nerveux et musculaire de la vie organique.

A une hystérique enceinte, quelques temps avant l'accouchement, M. Fanton, de Marseille, suggéra pendant quatre jours de suite d'avoir des contractions utérines répétées à intervalles réguliers de dix ou quinze minutes, exactement comme si elle était en travail et chaque fois la suggestion a été parfaitement suivie d'effet. De nombreux médecins, en présence de qui se faisaient ces expériences, ont pu constater le durcissement progressif du globe utérin et sa projection en avant. L'exploration digitale permettait en même temps de reconnaître que la partie fœtale appuyait sur le segment inférieur de l'utérus.

Pendant l'acte de l'accouchement lui-même, les mêmes expériences réussirent, sans difficulté. Ces faits sont trop intéressants au point de vue de la suggestion hypnotique en général pour que nous n'en citions pas quelques parties :

« A une heure du matin, dit M. Fanton, les contractions se succèdent régulièrement et très soutenues, à sept ou huit minutes d'intervalle ; à une heure et demie, nouvel essai de suspension du travail : la suggestion est suivie d'effet pendant deux heures ; le travail reprend sa marche naturelle jusqu'à onze heures du matin.

« A onze heures, devant les docteurs Jourdan, Lieutaud, Fournad, Audiffrent, et quelques sages-femmes, une suggestion est donnée pour supprimer les douleurs, pour obtenir l'apparition des contractions à intervalle de dix minutes, cette suggestion s'exécuta jusqu'à deux heures.

« Placée devant le miroir (1), la patiente est de nouveau endormie pour recevoir l'ordre de contractions utérines très soutenues et renouvelées de deux en deux minutes, ce qui a lieu jusqu'à cinq heures et demie du soir. A ce moment, MM. les professeurs Magaïl et Lojan, les Drs Audiffrent, Jourdan, Rubino, Pourrière, Fournad, Lieutard et de nombreuses sages-femmes constatent à l'unanimité que les souffrances de l'enfantement sont totalement supprimées et que ce mode d'insensibilisation par le choréoptisme est absolument inoffensif.

« Ils désirent cependant connaître jusqu'où peut

(1) Procédé de M. Fanton, désigné sous le nom de *Choréoptisme.*

s'étendre l'action de l'accoucheur dans la suspension du travail; à ce moment la dilatation est complète, la tête est couronnée par le col utérin, la parturiente est endormie et reçoit la suggestion de n'avoir plus de contractions utérines, de cesser le travail de l'enfantement. Cette expérience, a réussi à suspendre la marche de l'accouchement pendant trois heures; les contractions dernières reparaissent en s'accélérant progressivement, la patiente couchée en position horizontale, inconsciente de son état, prend à chaque contraction la plus commode et la plus favorable, à chaque poussée du faix, et fait sans souffrance des efforts analogues à ceux de la défécation. Après quelques contractions expulsives, la tête se présente à la vulve, les poussées se soutiennent, enfin le dégagement se fait. Pendant la période d'expulsion, le Dr Robino faisait prendre au bras de l'accouchée toutes les positions fantaisistes. La parturiente répète constamment : « Je ne souffre absolument pas, je pousse seulement » (1).

« Au moment de l'expulsion, la mère est restée impassible et reposée, elle est demeurée inerte sur

(1) Fauton. *Revue de l'hypnotisme*, 1891.

son lit conservant la position qu'elle avait eue pendant les derniers efforts. »

Dans une observation due à MM. Fraipont et
Delbœuf, de Liège, le même phénomène put être
produit à la volonté des expérimentateurs. Leur
malade, ayant été endormie, supporta sans souffrance les premières épreuves du travail, mais au
bout de quelques heures, les contractions utérines
diminuèrent d'intensité et de fréquence. Il était vi-
sible que le travail se ralentissait; la patiente ne
parlait plus et semblait dormir profondément. On
ordonna le retour des douleurs toutes les quatre
minutes. A partir de ce moment, montre en main,
on put s'assurer que les douleurs revenaient comme
il avait été commandé. A deux reprises, le travail
se ralentit encore, et la suggestion réussit à lui
restituer une allure normale. La malade, qui était
primipare, accoucha sans douleur, et sans conserver le souvenir des incidents de sa parturition.

Les avantages de l'hypnotisme obstétrical ne
consistent pas seulement dans l'analgésie obtenue
pendant la durée du travail; ils peuvent s'étendre
à tous les accidents de la grossesse et des suites des
couches.

M. Liébeault déclare qu'il lui est arrivé plusieurs fois de dissiper des accidents morbides, préludes de la fausse couche. Il cite des exemples : une jeune femme de vingt-cinq ans qui avait eu auparavant deux accouchements prématurés au septième mois et qui, dès le troisième mois d'une nouvelle grossesse, éprouvait les symptômes précurseurs d'un avortement. Des séances de dix minutes chaque jour et pendant neuf jours consécutifs avec suggestion, dans le cours du sommeil léger, firent disparaître ces symptômes. Une dame à sa sixième grossesse, atteinte d'hypertrophie du cœur et d'un œdème énorme des membres inférieurs, reçut la suggestion d'avoir d'abondantes urines et au bout de neuf jours, l'hydropsie avait disparu. Chez une femme, habituée, après chacune de ses couches, très douloureuses, à éprouver des tranchées utérines extrêmement violentes, il arriva à les supprimer par suggestion. Chez une autre, il réussit à abréger le travail dans des proportions considérables. Enfin, d'après son expérience, on peut abréger les suites de couches, hâter le retour de l'appétit, arrêter des lochies trop prononcées, augmenter la sécrétion lactée..., etc.

Dans un cas de grossesse chez une fille de quinze
ans, le Dr Kingsbury, de Blackpool, eut recours à
l'hypnotisme dans le but de régulariser le travail
de l'accouchement et d'éviter, s'il était possible, les
délabrements dont était menacée cette trop pré-
coce parturiente. L'accouchement eut lieu dans
une anesthésie complète et sans le moindre accident. L'auteur fait observer que le chloroforme eût
peut-être été moins efficace, car il eût sans doute
supprimé la douleur, mais il n'eût pas permis à la
malade d'exécuter aussi intelligemment qu'elle le
fit jusqu'à la fin les divers conseils de son accoucheur. « Avec ou sans chloroforme, ajoute-t-il,
j'aurais probablement été amené à appliquer le
forceps et j'aurais pu ainsi déchirer le périnée.
Tandis que dans l'état d'hypnotisme, la malade
resta parfaitement tranquille, et l'orifice externe
fut garanti de tout soupçon de déchirure (1). »

Un des écueils de l'anesthésie par suggestion
hypnotique dans l'accouchement, c'est que l'intensité des douleurs, ainsi que nous l'avons déjà fait
remarquer, réveille souvent les parturientes et
qu'alors le sommeil ne peut plus être obtenu. La

(1) Kingsbury. *Revue de l'hypnotisme.* 1891.

période de dilatation peut se faire dans l'hypnose et l'inconscience, alors que la période d'expulsion se fait dans l'état de veille normal. Toutefois l'excitation et l'énervement, qui se produisent dans l'intervalle des contractions utérines, peuvent être encore modérés par la suggestion (1).

Chose bizarre, l'analgésie de la période somnambulique peut disparaître et les douleurs à un moment donné être vivement ressenties sans qu'il y ait retour à l'état de veille. Une observation remarquable de M. Mesnet nous en fournit un exemple.

« Une jeune femme de vingt-deux ans, très hypnotisable depuis son enfance, primipare, est prise des premières douleurs qu'elle supporte très impatiemment et qui l'énervent d'une façon excessive. Mise en somnambulisme et suggestionnée, elle cesse immédiatement de souffrir et arrive jusqu'à la dernière heure de son accouchement sans un cri, sans une plainte, disant qu'elle sent venir les contractions, mais qu'elle est bien. A partir des douleurs d'expulsion, les souffrances *ont paru*,

---

(1) Dʳ Journée. *Grossesse, hypnose pendant la première partie du travail. (Revue de l'hypnotisme, 1891.)*

d'après ses cris et sa mimique, aussi violentes que chez une parturiente éveillée, bien que le sommeil n'ait point été interrompu, et qu'au réveil, elle n'ait eu aucune conscience de son accouchement dont elle ne se rendit compte que par l'affaisse- ment de son ventre (1). »

Chez certaines femmes très suggestibles et en- traînées par la répétition fréquente des séances d'hypnotisme, la suggestion à l'état de veille peut suffire à supprimer complètement les grandes dou- leurs de l'accouchement, comme en témoigne une observation récente de M. Dumontpallier.

« C'était une jeune fille de vingt-quatre ans, guérie par lui d'une coxalgie hystérique, qui revint dans son service pour une grossesse avancée. M. Dumontpallier lui promit de l'accoucher dans l'hypnose pour lui éviter les douleurs de l'accou- chement. Chez elle, la suggestion verbale, aidée de la fixité du regard, permettait de déterminer rapidement le sommeil. Dès le début du travail, elle fut endormie et M. Dumontpallier lui ordonna,

(1) Mesnet. *Revue de l'hypnotisme*, août 1887.

pendant le sommeil provoqué, de se suggérer elle-
même le sommeil si elle souffrait en son absence.
Lorsqu'il revint la voir, la patiente lui déclara
qu'elle avait évité de souffrir en se suggérant de
dormir chaque fois qu'elle ressentait une douleur,
mais que ce sommeil l'avait assommée ; elle ne
voulait plus dormir et les grandes douleurs, très
accentuées, lui arrachaient des cris déchirants.
Toutefois, M. Dumontpallier réussit à l'endormir
encore ; mais de temps en temps elle était réveillée
par une grande douleur. Au moment où la tête se
présentait, M. Dumontpallier revint, et, la trouvant
éveillée, il lui affirma, sans l'endormir, qu'elle allait accoucher sans souffrir. La malade, restée à
l'état de veille, déclara en effet, à partir de ce moment, ne plus souffrir ; les dernières contractions
furent très intenses, et l'accouchement se termina
sans qu'elle eût jeté un cri (1). »

Pour terminer cette rapide revue, et pour en tirer les conclusions pratiques qu'elle comporte,
nous ne pouvons mieux faire que d'avoir recours à
l'important mémoire qu'ont publié en 1888 MM. Au-

(1) Dumontpallier. *Revue de l'hypnotisme,* décembre 1891.

vard, accoucheur des hôpitaux et Secheyron, sur la suggestion en obstétrique (1).

Ce travail est basé sur huit observations détaillées, dans lesquelles un degré quelconque d'hypnotisme a pu coïncider avec l'accouchement. Ces distingués médecins ont dégagé de leur consciencieuse étude les conclusions suivantes, que nous donnons dans leur intégrité, en raison de leur importance :

« 1° L'hypnotisme est susceptible d'être provoqué pendant l'accouchement, mais d'habitude avec plus de difficulté qu'à l'état normal;

« 2° Pendant le travail, l'hypnotisme peut vraisemblablement exister sous toutes ses formes : catalepsie, léthargie, somnambulisme; toutefois, nous n'avons pas trouvé d'observation de catalepsie qui ait été nettement signalée;

« 3° L'avantage de l'hypnotisation pendant l'accouchement est d'amener l'anesthésie. La suppression de la douleur pourra être obtenue soit par simple léthargie, soit par le somnambulisme ou sans suggestion;

(1) Auvard et Secheyron. L'hypnotisme et la suggestion en obstétrique. (Archives de Tocologie, 1888.)

« 4° L'insensibilité est loin d'être le résultat constant de l'hypnose provoquée pendant la parturition. A côté des cas où le succès a été complet ou à peu près, il y en a d'autres où on a totalement échoué et d'autres enfin où le succès a été partiel;

« 5° Les insuccès sont dus, soit à ce que la suggestion est mal ou incomplètement acceptée, ou à ce que la douleur utérine fait passer soit de l'état léthargique ou de l'état somnambulique à l'état de veille. En d'autres termes, la contraction utérine douloureuse est une cause continuelle de réveil, contre laquelle ne peuvent efficacement lutter les moyens qu'on emploie d'habitude pour provoquer l'hypnotisme. Dans cette lutte entre l'utérus et l'hypnotiseur, la victoire reste souvent à l'utérus, surtout pendant la période d'expulsion ;

« 6° Certaines femmes accouchant en souffrant dans l'état second ne se rappellent plus leur douleur dans l'état premier; on peut conclure à tort de cette absence de mémoire au succès de l'hypnotisme comme anesthésique ;

« 7° L'hypnotisme ne paraît pas avoir d'influence nette sur la marche du travail; si ce n'est peut-être un certain ralentissement dans les contractions utérines;

« 8° L'hypnotisme n'étant qu'un anesthésique inconstant, incomplet d'habitude et dont nous avons montré les inconvénients dans notre étude médico-légale, comme d'autre part on possède dans le chloroforme, le chloral, des moyens bien plus sûrs, on ne peut conseiller son emploi dans la pratique obstétricale qu'à titre tout à fait exceptionnel;

« 9° Cependant, sans entraînement préalable (cas relativement très rare chez les sujets très facilement hypnotisables), il nous semble qu'on pourra, sans grand inconvénient, provoquer le somnambulisme ou même la léthargie pendant la dilatation du col; mais, pendant la période d'expulsion, on laissera l'hypnotisme de côté et la parturiente, ramenée à son état normal, sera soumise, s'il y a lieu, aux anesthésiques ordinaires, au chloroforme, par exemple, donné à dose obstétricale;

« 10° A côté de l'hypnotisme véritable, il y a la suggestion à l'état de veille, l'emploi du pseudo-chloroforme ou autres moyens semblables qui, chez les esprits facilement impressionnables, pourront atténuer les douleurs. L'emploi de cette méthode est à conseiller, car ses inconvénients sont nuls et ses avantages souvent réels. »

Ces conclusions, dans leur ensemble, sont acceptables. Il est bon, toutefois, de remarquer qu'elles sont basées sur un bien petit nombre de faits, et que l'observation ultérieure ne les a pas toutes confirmées. Ainsi, l'influence de la suggestion sur la marche du travail est bien réelle dans quelques-uns des cas que nous avons précédemment cités. Il en est de même de l'anesthésie pendant la période d'expulsion qui est suffisamment démontrée par de nombreuses observations.

CHAPITRE VII

La suggestion dans ses rapports avec la pédagogie et l'éducation des enfants vicieux ou dégénérés.

I

ÉDUCATION ET SUGGESTION

Est-il possible, par des suggestions méthodiquement pratiquées, de modifier d'une façon permanente le cours des idées, les penchants acquis ou instinctifs, la sensibilité, en un mot le caractère d'un enfant? En d'autres termes, peut-on espérer appliquer efficacement l'hypnotisme à l'orthopédie morale et à l'éducation? De bons esprits l'ont pensé.

« L'éducation et la médecine de l'âme trouvent dans le Braidisme, dit Durand de Gros, des moyens d'action d'une puissance inouïe qui, à eux seuls, portent la découverte de Braid au rang des plus glorieuses conquêtes de l'esprit humain (1) ».

(1) Dr Philips (Durand de Gros). *Cours théorique et pratique du Braidisme*. Paris, 1860.

Depuis l'époque lointaine où ces paroles ont été écrites, les progrès de la science hypnotique sont venus confirmer dans une certaine mesure ces espérances enthousiastes et on a publié des faits assez nombreux qui tendent à démontrer que la suggestion hypnotique, efficace contre certaines maladies physiques de l'enfance, n'est pas moins précieuse contre quelques-unes de ses maladies morales.

En 1886, à la Section de pédagogie de l'Association française pour l'avancement des sciences, qui tenait sa réunion annuelle à Nancy, M. Bérillon introduisit le premier la question de la suggestion dans ses rapports avec la pédagogie. Rappelant quelques résultats moralisateurs obtenus par MM. Liébeault, A. Voisin et Dumont, à l'aide de la suggestion hypnotique, il se demandait si ce procédé, si heureusement appliqué à la cure des maladies physiques, n'était pas susceptible d'agir aussi efficacement contre les maladies morales qui font le désespoir des éducateurs et des pédagogues. « Lorsqu'on aura, disait-il, à se préoccuper de l'avenir d'enfants vicieux, impulsifs, récalcitrants, incapables de la moindre attention et de la moindre application, manifestant un penchant irrésistible vers les mauvais instincts, nous pensons qu'il n'y aura aucun inconvénient à provoquer l'hypnotisme chez ces créatures déshéritées. »

« Pendant le sommeil hypnotique les suggestions ont plus de prise. Elles ont un effet durable et profond. Il sera possible dans bien des cas, en les répétant autant que cela sera nécessaire, de développer la faculté d'attention chez ces êtres jusqu'alors incomplets, de corriger les mauvais instincts et de ramener au bien des esprits qui s'en seraient écartés infailliblement (1). »

La section, après une discussion intéressante, adopta un vœu de M. Liégeois demandant que des expériences de suggestion hypnotique soient tentées, dans un but de moralisation et d'éducation, sur quelques uns des sujets les plus notoirement mauvais et incorrigibles des écoles primaires et M. Liébeault vint appuyer, des résultats de son expérience personnelle, les conclusions de la communication de M. Bérillon.

M. Blum, professeur de philosophie, objecte (2)

(1) E. Bérillon. *Revue de l'hypnotisme*, 1886.
(2) Blum. *Critique philosophique*, 1886.

que l'emploi de la méthode suggestive porte atteinte à la liberté morale de l'enfant. Il veut que l'on fasse une distinction absolue entre l'enfant méchant et l'enfant malade. A ce dernier, toutes les ressources de la thérapeutique suggestive, si le médecin les juge nécessaires; mais le premier n'est pas atteint d'un mal physique, il échappe à sa compétence. Pour le mal moral, pour les vices de l'âme, il faut un psychologue, un éducateur.

Il est à peine besoin de faire remarquer que la distinction que veut établir M. Blum entre l'enfant méchant et l'enfant malade est de théorie pure, et qu'elle est vaine dans le domaine de la pratique. Quant à la liberté morale de l'enfant, on se demande ce que peut bien signifier ce mot, quand il s'agit d'enfants dépravés, vicieux ou criminels.

Un membre de l'Institut, M. Desjardins, dans une séance de l'Académie des sciences morales et politiques, a violemment stigmatisé la prétention de faire servir l'hypnotisme et la suggestion à la pédagogie. C'est, selon lui, le comble du ridicule. Mais l'honorable académicien a démontré de reste qu'il ne se faisait pas la moindre idée de ce qu'est l'hypnotisme et que par conséquent son jugement était le comble de la légèreté.

M. F. Hément fait observer avec raison que, pour l'enfance, la médecine morale n'a jusqu'ici pas existé. Dans les maisons de correction où l'on traite les maladies morales, il n'est pas démontré qu'on obtienne des résultats sérieux parce que les moyens employés ne sont pas en rapport avec les défauts et les vices qu'il s'agit de combattre. On emploie vis-à-vis des enfants corrompus les mêmes procédés que vis-à-vis des enfants sains, c'est-à-dire les procédés éducatifs. Or, dit M. Hément, non sans raison, comprend-on que les malades et les bien portants soient soumis au même régime?

Si les procédés suggestifs sont inoffensifs, s'ils ne font pas des déséquilibrés, des détraqués, des individus voués aux affections névropathiques; s'ils ne sont pas, comme on l'a prétendu, attentatoires à la liberté morale et à la dignité de celui qui s'y soumet, il est donc légitime de les essayer sur une catégorie d'êtres humains affectés de difformités morales contre lesquelles on s'avoue à peu près désarmé.

« Nous n'interviendrons, ajoute M. Hément,

qu'autant que le pédagogue se sera déclaré impuissant. Alors nous demanderons au médecin de plonger cet être incorrigible dans le sommeil, afin que nous puissions le suggestionner. Par la suggestion nous accroîtrons son énergie morale, loin de la lui ravir. Nous dégagerons sa volonté des entraves qui en empêchaient la libre manifestation. Il était esclave de sa nature vicieuse; avec notre aide, il reconquerra sa liberté (1). »

Maintenant, les chances de succès sont-elles aussi grandes que le supposent les enthousiastes de la méthode? Les faits n'ont pas suffisamment parlé pour qu'on puisse avoir à ce sujet une opinion raisonnée. Nous pensons, toutefois, qu'il faut se défendre de toute tendance optimiste. Les raisons qu'on a données pour vanter l'emploi de la suggestion hypnotique en pédagogie et en prédire le succès ne sont pas toutes d'une valeur indiscutable. Par exemple, on a invoqué, entre autres arguments, l'analogie qui existe entre les procédés habituels d'éducation et la suggestion elle-même. L'éducation de l'enfant, les notions, les principes, les doctrines qu'on cherche à lui inculquer par la parole et par

(1) F. Hément. *Revue de l'hypnotisme*, 1886.

l'exemple, les croyances religieuses dont on le berce
dès son enfance, tout cela n'est, en somme, a-t-on
dit, que de la suggestion à l'état de veille. Soit. Mais
alors, là où l'éducation échoue, comment peut-on
se flatter de voir la suggestion réussir ? N'arrive-t-on
pas à cette conséquence, qui est l'opposé de ce que
soutiennent les partisans de la méthode, que la suggestion sera surtout efficace auprès des natures
malléables et correctes, et que chez les autres elle
rencontrera les mêmes obstacles que l'éducation
elle-même ?

« La suggestion par l'exemple et l'éducation peut,
dit excellemment M. Bernheim, développer les
germes qui existent ; elle peut augmenter la docilité
naturelle, inspirer le goût du travail, exalter les passions généreuses et fécondes, féconder les sentiments
honnêtes chez ceux qui ont en germe ces qualités
de l'âme. Il n'est pas certain qu'elle puisse les créer
chez ceux qui en sont dépourvus, là où le sens moral n'existe pas, aucune suggestion, je le crains,
ne le fait naître, pas plus que l'éducation physique
ne peut faire pousser un membre qui fait défaut.
L'une ne peut, sans doute, remédier à certaines
perversions instinctives, incurables, pas plus que

l'autre ne peut supprimer·certains vices de conformation tels que bec-de-lièvre, hypospadias, apportés au monde (1). »

III

L'HYPNOTISME CHEZ LES ENFANTS

Le côté un peu spécial des applications de la suggestion hypnotique dont nous venons d'entretenir
le lecteur nous oblige à entrer dans quelques détails
pratiques. Nous aurons naturellement recours, pour
ce faire, aux lumières des auteurs qui se sont occupés d'une manière spéciale de la psychothérapie
des enfants.

D'après les communications de M. Bérillon au
Congrès de l'hypnotisme de 1889 et à la Société
d'hypnologie en 1891, sur dix enfants de six à
quinze ans, quelle que soit leur condition·sociale,
huit sont susceptibles d'être endormis profondément dès la première ou la deuxième séance.

D'après les tableaux dressés par M. Liébeault,
M. Beaunis a, lui aussi, fait ressortir l'extrême fa-

_____

(1) Bernheim. *De la suggestion au point de vue pédago-
gique. Revue de l'hypnotisme*, 1886.

cilité avec laquelle les enfants sont soumis aux influences hypnogéniques. « Ce qui frappe au premier
abord, dit ce dernier, c'est la forte proportion des
somnambules dans l'enfance et dans la jeunesse
(26,5 0/0 de un à sept ans, et 55,3 0/0 de sept à
quatorze ans). On remarquera aussi que, pour ces
deux périodes de la vie, tous les sujets sans exception ont été plus ou moins influencés. Il y a là un
fait important à constater, si, comme je le crois, la
suggestion hypnotique est appelée un jour à jouer
un rôle utile dans l'éducation de l'enfant (1). »

Presque tous les enfants, à partir de l'âge de raison, sont suggestibles, dit encore M. Bernheim, et
la plupart obéissent à la suggestion douce. Un petit
nombre seulement sont rebelles et incapables de
fixer leur attention sur l'idée du sommeil.

C'est précisément là le critérium de la possibilité
de l'hypnotisation chez les enfants. Plus ils sont
normaux et bien doués au point de vue intellectuel
et moral, et plus il est facile de fixer leur attention
et de les endormir. C'est au contraire chez les névropathes et les dégénérés qu'on rencontre des

(1) H. Beaunis. *Le somnambulisme provoqué*, 2e édition,
1887.

difficultés. Chez les imbéciles, on n'obtient en général qu'un sommeil léger et irrégulier; ils réalisent mal ou ne réalisent pas les suggestions posthypnotiques. Enfin les idiots sont absolument réfractaires.

Les hystériques, les choréiques sont souvent fai-
blement influençables et peu suggestibles. Les
épileptiques, au contraire, seraient habituellement
suggestibles au plus haut degré et très facilement
hypnotisables.

Les enfants vicieux, restés rebelles aux procédés
ordinaires d'éducation, qui finissent par la maison
de correction où ils deviennent pires, sont, d'après
M. F. Hément, facilement améliorés par la suggestion. Une première amélioration obtenue rend plus
facile une amélioration plus grande. L'auteur procède par suggestion à l'état de veille.

« Voici, dit-il, comment nous procédons. Après
avoir fait venir l'enfant dans notre cabinet, milieu
qui ne lui est pas familier, et qui exerce sur lui une
première impression, nous prenons un air grave
et résigné. Nous le faisons asseoir en face de nous
et, lui prenant les mains, en le fixant avec insistance par le regard, nous lui parlons lentement,

avec douceur et fermeté à la fois, sur un ton uni-
forme, sans élever ni abaisser la voix, de façon à
préparer l'enfant au sommeil par cette monotonie.
Dans ce sommeil crépusculaire, la volonté de l'enfant se trouve affaiblie; nous lui parlons de la faute
qu'il a commise ou de ses mauvaises habitudes, nous
lui en faisons sentir les inconvénients ou les dangers, nous lui en montrons les conséquences en lui
faisant craindre que ses défauts ou ses vices ne di-
minuent la tendresse de ses parents, n'affaiblissent
la confiance, l'estime, la sympathie de ses amis et
de ses maîtres. Nous lui inspirons des regrets, le
désir de se faire pardonner et la résolution de se
corriger.

« L'enfant est somnolent, son esprit vacille, sa
volonté lui échappe, nous le désarmons sans l'a-
néantir; nous le privons de ses éléments de résistance. Nous ne voulons pas substituer notre volonté
à la sienne, mais l'amener à penser comme nous,
à partager nos idées. Loin de détruire en lui le sentiment de la responsabilité, nous rendons ce sentiment plus vif. Que l'enfant reste éveillé ou s'en-
dorme, il n'y a pas à s'en préoccuper. Nous ne cessons
pas de l'exhorter. C'est un siège en règle que nous

entreprenons, avec méthode et sans lassitude, car il faut triompher. Lorsque nous aurons pénétré dans la place, que nous aurons amené l'enfant à penser comme nous, il n'en sera pas moins libre qu'auparavant, ni moins responsable.

« Nous revenons à plusieures reprises et sans impatience, afin de le lasser par notre insistance et de le vaincre. Lentement et progressivement, nous amenons l'enfant à sentir la gravité de son état et la nécessité d'y porter remède. Nous martelons nos enseignements dans son esprit. Il nous écoute, il nous comprend, il se laisse persuader dans son sommeil léger ou profond, naturel ou artificiel, et, revenu à la réalité, il se trouve dans la situation de ceux qu'un rêve a obsédés. Une première amélioration s'est produite; le mauvais pli a été défait peu à peu, comme par un effort mécanique; lent et continu, on parvient à redresser un bâton tordu.

« Chaque fois que nous revenons à la charge, l'amélioration s'accentue. Des enfants grossiers, turbulents, indociles, paresseux, sont transformés. On a raison de leur trop grande étourderie, de leur nature rebelle ou emportée, de leur apathie ou de leur incapacité d'attention.

« C'est un traitement qu'on peut désigner sous le nom d'orthopédie morale. Si la guérison est lente, elle n'en est pas moins certaine. S'il y a rechute, nous n'hésitons pas à reprendre le traitement jusqu'à la guérison complète (1). »

Les procédés qui conviennent le mieux pour provoquer le sommeil chez les enfants sont les procédés de douceur. Il faut capter leur confiance, leur parler avec sympathie et s'efforcer de leur enlever toute crainte, toute appréhension.

Les médecins les plus compétents en la matière s'accordent à préconiser le procédé suivant : L'enfant est commodément installé dans un fauteuil, l'assistance, s'il y en a, gardera un silence absolu. L'opérateur se place en face du sujet, l'engage à regarder fixement ses yeux, et lui parlant d'une voix douce et persuasive, lui suggère peu à peu l'idée du sommeil :

« Regardez fixement mes yeux... vos paupières vont se fatiguer... elles deviennent très lourdes... vous éprouvez le besoin de les fermer... vous vous engourdissez... l'engourdissement se propage à vos bras et à vos jambes.... Vous éprouvez une sensa-

(1) F. Hément. *Congrès de l'hypnotisme*, 1889.

tion de calme, de repos, de bien-être... Le besoin de dormir arrive... Vous allez dormir... Dormez (1). »

Ou bien : « Tu vas un peu dormir, mon enfant, et cela va te guérir. Tiens, regarde mes doigts, je les place devant tes yeux, regarde-les et tu vas avoir sommeil ; dors (2). »

Si l'enfant ne ferme pas spontanément les yeux, il suffira de les lui tenir un instant fermés avec les doigts, ou de faire avec les deux pouces, au devant des paupières, de légers mouvements de haut en bas.

En général, ces pratiques suffisent pour obtenir le sommeil dont la réalité est facilement constatée par l'automatisme et les attitudes cataleptoïdes. L'enfant peut alors être suggestionné.

Les suggestions doivent toujours être formulées d'une façon nette, précise et ingénieuse au besoin. d'une voix persuasive mais avec autorité, néanmoins. Avant de réveiller l'enfant, on aura soin de lui suggérer qu'après son réveil il n'éprouvera aucun malaise, aucune lourdeur de tête, et qu'il se sentira parfaitement dispos.

(1) E. Bérillon. *Congrès de l'hypnotisme*, 1889.
(2) Bernheim. *Revue de l'hypnotisme*, 1886.

« Lorsque la suggestion est appliquée rationnellement avec patience et avec douceur, quand on évite de faire des suggestions inutiles pour se limiter aux suggestions justifiées par l'état du malade, surtout lorsqu'on procède avec soin au réveil du sujet, le succès thérapeutique est la règle; l'insuccès l'exception (1). »

Voilà de belles et encourageantes promesses. Nous avons vu dans un chapitre précédent, qu'elles semblaient, en ce qui concerne la pathologie nerveuse de l'enfant, justifiées par les faits; il nous reste à voir si elles s'appliquent avec la même exactitude à ce que nous pouvons appeler la pathologie morale.

III

ORTHOPÉDIE SUGGESTIVE

Un fait ressort tout d'abord des observations, d'ailleurs peu nombreuses, jusqu'ici publiées d'orthopédie morale par la suggestion hypnotique, c'est que les indications de cette dernière ne sont pas encore bien rigoureusement fixées. Nous voyons,

(1) E. Bérillon. *Société d'hypnologie*, 1891.

par exemple, M. Liébeault traiter à la fois, par ce procédé, les arrêts du développement intellectuel avec leurs conséquences physiques en même temps que les dépravations morales et les tendances ins- tinctives vicieuses et désordonnées.

Dans un travail publié dans la *Revue de l'hypno- tisme*, en 1889, cet auteur publiait une série d'ob- servations très résumées : sur vingt-deux sujets traités sans choix, il déclare avoir obtenu dix guéri- sons, huit améliorations et seulement quatre insuc- cès. Par la suggestion méthodiquement appliquée, il a fait disparaître le sentiment de la peur (trois cas), celui de la colère (deux cas); l'habitude du mensonge (un cas); les habitudes solitaires (quatre cas); il a pu stimuler les facultés intellectuelles normales et, enfin, améliorer des imbéciles et des idiots.

Ces observations sont, en vérité, bien mêlées; on y voit, à côté de nourrissons de quatorze et de vingt- trois mois moralisés par la simple imposition des mains, des jeunes gens de dix-huit et vingt et un ans rendus plus rigoureux intellectuellement et conduits sans fatigue au baccalauréat par la suggestion hyp- notique. Alors que tout le monde s'accorde à reconnaître que les idiots sont réfractaires au sommeil hypnotique et à la suggestion, M. Liébeault réussit à les rendre plus intelligents et à les débarrasser de leurs tics et de leurs mauvaises dispositions psychiques. Par exemple :

« Paul, huit ans, urine tous les jours au lit, tette ses doigts, est lourd d'esprit et apprend difficilement. A été mis une fois en sommeil profond, deux fois en somnambulisme. Il en est résulté la guérison et un grand développement des facultés intellectuelles. Deux ans après l'on me disait qu'on ne remarquait plus en lui de différence avec ses camarades d'école. »

Cela est vraiment trop beau pour qu'on ne conçoive pas quelques doutes. Au Congrès de l'hypnotisme de 1889, des réserves formelles ont d'ailleurs été faites en ce qui concerne l'action de la suggestion vis-à-vis des défectuosités intellectuelles. MM. Bérillon et Tarnowski ont établi une distinction radicale entre les dégénérés et les vicieux ; ces derniers peuvent être modifiés par le traitement psychique, mais les premiers s'y montrent à peu près insensibles. Les expériences thérapeutiques de ce genre doivent donc être limitées au traitement des vices, des troubles mentaux, des instincts pervers, par exemple, les habitudes de mensonge irrésistibles, la manie du vol, les instincts de cruauté, les habitudes d'onanisme, de paresse invincible, de malpropreté, d'indocilité et de pusillanimité (1).

La tendance au vol est, parmi toutes les tendances vicieuses de certains enfants, une des plus fâcheuses en raison de ses conséquences sociales ; elle semble une de celles qui cèdent le plus facilement à la suggestion hypnotique. Plusieurs observateurs ont publié des cas de guérison.

M. Bérillon décrit de la façon suivante l'ingénieux procédé suggestif qu'il emploie avec succès contre ce déplorable penchant :

« Pour faire comprendre par quel artifice on arrive à guérir un enfant atteint de la manie de voler des pièces de monnaie, par exemple, je vais vous donner un aperçu d'un procédé qui m'a toujours bien réussi.

« L'enfant étant mis dans un état de suggestibilité suffisant, je le fais approcher d'une table sur laquelle je trouve une pièce de monnaie : « Tu vois

(1) E. Bérillon. *Congrès de l'hypnotisme*, 1889.

CULLERRE. Thérapeut. suggestive. 20

cette pièce; lui dis-je, tu as envie de la prendre.
Eh bien, prends-la si tu le veux, et mets-la dans ta
poche. » Il le fait. J'ajoute alors : « C'est ce que tu
as l'habitude de faire ; mais tu vas remettre maintenant la pièce d'argent où tu l'as prise, et désormais
tu agiras toujours ainsi. S'il t'arrive de succomber
à la tentation, tu auras honte d'avoir volé, et tu
t'empresseras de remettre l'objet volé à sa place. »

« Au bout de quelques séances de cette gymnastique mentale, exécutée sous l'influence de la suggestion, l'enfant est généralement guéri pour toujours de sa mauvaise habitude (1). »

Nous allons résumer succinctement quelques observations où l'on voit le penchant kleptomaniaque
être heureusement modifié, soit isolément, soit con-
curremment avec d'autres habitudes vicieuses, par
la suggestion hypnotique.

On doit à M. de Jong, de La Haye, les deux suivantes :

« La nommée P..., âgée de onze ans, fille d'une
mère excessivement nerveuse, souffrant d'une mé-

---

(1) E. Bérillon. *La suggestion, ses applications à la pédia-
trie et à l'éducation mentale des enfants vicieux ou dégénérés.* (2º édition, Paris, 1890.)

lancolie périodique, est sujette à une habitude qui
donne beaucoup de chagrin à ses parents; depuis
longtemps elle se rend coupable de vol.' D'après le
récit de la mère, c'est une voleuse d'un raffinement
incroyable et tous les moyens pour la corriger étaient
demeurés jusqu'à ce jour sans succès. L'hypnotisation réussit parfaitement par suggestion verbale.
Elle est une somnambule excellente et d'une suggestibilité complète. Depuis la première séance, le
27 février 1891, jusqu'à ce moment, l'habitude ne
se manifeste plus. »

« Le nommé K..., garçon âgé de sept ans traité
pour blépharospasme avec un résultat complet, est
un enfant d'un caractère mauvais et pervers. Selon
ses parents, il n'y a pas un vice qu'on ne lui puisse
attribuer : il est paresseux, menteur, brutal; il
vole, il maltraite ses petits frères et surtout les
animaux d'une façon excessivement cruelle ; il me
fait l'effet, en un mot, d'un de ces pauvres individus dépravés, dépourvus de sens moral, et qui sont
connus dans la psychopathologie sous le nom d'i-
diots moraux. Dans l'état hypnotique, obtenu facilement sur l'injonction que je lui fis de dormir,
il se montrait un somnambule d'une très grande

suggestibilité. Je lé suggérai en hypnose tous les jours, et en trois mois, son caractère fut tellement changé qu'il ne fut presque plus reconnaissable. Il est aujourd'hui âgé de dix ans et sa conduite est irréprochable ; à l'école il est un des meilleurs élèves de sa classe et chez ses parents, sa mère l'appelle l'enfant chéri de la maison (1). »

M. A. Voisin en a publié un cas également remarquable.

« On lui amène un jeune garçon de seize ans, que la famille désire voir soumettre au traitement hypnotique dans le but de combattre ses mauvais instincts.

« Il a été atteint à l'âge de treize ans du tétanos. Il présente depuis cette époque du nystagmus, une notable blésité ; mais, avant cette maladie et dès l'âge de six à sept ans, son caractère le rendait insupportable. Il était menteur, indiscipliné, méchant et, de plus, voleur.

« Dans ces deux dernières années, les idées de vol ont beaucoup augmenté et de plus, il est deve-

(1) Dé Jong. *Quelques observations sur la valeur médicale de la psychotérapie.* (*Société d'hypnologie,* 1891.)

nu débauché. Il volait sa mère pour courir les filles. L'onanisme est devenu chez lui une passion et il s'y livre sans pudeur dans l'appartement de sa mère.

« Dès le jour même on essaye le traitement par l'hypnotisme. Le sommeil a été obtenu après quelques minutes de fixation d'un objet brillant et après l'injonction de dormir. Dès le sommeil obtenu, on commence des suggestions qui portent sur la cessation du vol et sur le changement du caractère.

« A partir de la première séance, le jeune homme n'a plus volé et son caractère s'est modifié dans un sens favorable. Le traitement était appliqué tous les trois jours, et les suggestions ont porté tour à tour sur son mauvais caractère, sur ses instincts vicieux, sur le vol, l'onanisme et ses habitudes de débauche.

« Moins d'un mois après, le jeune homme était absolument transformé et sa famille se plaisait à en donner le témoignage à M. A. Voisin (1).

« Émile P.., onze ans et quatre mois, avait contracté en nourrice l'habitude de tenir constamment

(1) A. Voisin. *Revue de l'hypnotisme*, 1889.

dans sa bouche l'index et le médius de sa main gauche, jusqu'à la deuxième phalange. Depuis lors, il ne pouvait s'endormir sans sucer ses doigts. Tout fut mis en œuvre pour faire disparaître cette mauvaise habitude, tout échoua, même la coercition.

« Les parents attribuaient avec quelque raison à cette habitude de sucer ces doigts, souvent malpropres, les nombreux désordres gastro-intestinaux auxquels l'enfant était sujet.

On songea à la suggestion, et M. Bérillon fut chargé de l'appliquer. A la première séance, l'enfant, qui comprenait tout ce que son habitude avait de répugnant et qui désirait vivement être guéri, tomba en sommeil léger. Injonction lui fut faite de s'endormir sans remettre les doigts dans sa bouche. Le succès fut complet. Deux jours après l'idée de sa mauvaise habitude lui revint : « C'est singulier, dit-il, j'ai à chaque instant envie de mettre mes doigts dans ma bouche, *mais je sens que je ne puis pas*. » Une seconde séance d'hypnotisation avec suggestion suffit pour obtenir la guérison définitive (1). »

(1) E. Bérillon. *Revue de l'hypnotisme*, 1887.

A la session de l'Association française pour l'a-
vancement des sciences, tenue à Oran en 1888,
M. A. Voisin s'est montré chaud partisan de la suggestion appliquée à la pédagogie. Il déclara avoir
pu guérir par ce procédé des enfants qui présen-
taient une tendance constante au mensonge, à la
colère, à la jalousie et à d'autres mauvais instincts.
Il l'a aussi appliqué au traitement des habitudes
solitaires, contre lesquelles échouent d'ordinaire les
pratiques les plus rationnelles, et, dans un cas dont
il présente l'observation, il a pleinement réussi.

Il s'agit d'un enfant de neuf ans, à antécédents
héréditaires de nature névropathique, qui depuis
trois ans et demi, sous l'influence du mauvais
exemple, se livrait sur lui-même à des attouchements
presque continuels, et qui présentait les signes habituels de l'anémie et de l'épuisement nerveux. Un
des élèves du service de M. Voisin fut chargé de le
traiter par la suggestion hypnotique.

Le traitement a commencé le 26 novembre; en
voici le compte-rendu :

« 26 novembre. — L'enfant, couché sur un lit,
est endormi par la fixation du regard dans l'espace

de deux minutes. Pendant le sommeil l'anesthésie
est complète ; ni les piqûres ni les pincements ne
provoquent de mouvements. On obtient facilement des phénomènes cataleptoïdes. C'est ainsi que
l'enfant conserve la position fatigante qu'on donne
aux bras ou aux jambes. Aux questions qu'on lui
pose, il ne répond pas. Pendant le sommeil, on lui
fait exécuter une série d'actes : descendre du lit,
marcher dans la salle, écrire, remonter dans le lit,
etc... ; il exécute tout ponctuellement. Lorsque nous
étions convaincu que notre sujet était en état de
suggestibilité hypnotique, nous lui avons suggéré
de ne jamais toucher à son « histoire », de ne se
jamais coucher sur le ventre et de rester dans l'état
où nous l'avons mis jusqu'à ce qu'on lui touchât
l'oreille gauche.

« Au réveil, nous constatons une amnésie absolue
relativement à tout ce qui s'est passé pendant le
sommeil.

« Nous avons recommandé à la mère une surveillance active et nous l'avons priée de ramener
son enfant dans trois jours.

« 29 novembre. — L'enfant n'a pas été surpris à

nouveau. Nous l'hypnotisons et le sommeil est obtenu encore plus vite que la fois précédente.

« Nous répétons nos suggestions relatives à l'onanisme.

« Depuis ce jour, la mère nous amena l'enfant toutes les semaines. La surveillance établie d'après nos recommandations expresses était très active dans la journée et dans la nuit, et à aucun moment l'enfant n'a plus été surpris L'examinant ensuite, le 22 décembre, nous avons pu constater la disparition complète de la rougeur des parties sexuelles.

« Nous avons vu l'enfant le 15 et le 19 du mois de mars, et la mère nous a affirmé qu'il a complètement abandonné ses habitudes vicieuses. »

M. Bérillon, en 1888, au Congrès de Toulouse, a énuméré de nombreux exemples d'habitudes vicieuses, de tics nerveux, de tendances et d'instincts pervers modifiés et guéris par quelques séances d'hypnotisme.

En 1891, à la Société d'hypnologie, il insistait sur le grand nombre de faits qui, à sa connaissance, prouvaient l'efficacité de la suggestion, et il ajoutait que le nombre d'onanistes invétérés traités et guéris par lui s'élevait à plus d'une trentaine. Pour arriver à un résultat certain, il faut compléter, selon lui, l'effet de la suggestion par l'adjonction d'artifices variables, selon le degré d'intelligence du sujet, selon sa bonne volonté et aussi l'intensité de l'habitude vicieuse.

M. Dumontpallier, dans la même séance, déclarait avoir appliqué la suggestion au traitement d'un onaniste de dix-sept ans. Trois séances ont été faites, et, autant qu'on peut s'en rapporter aux apparences, il est guéri de son habitude.

M. Gorodichze présentait une observation semblable dont une jeune fille était le sujet. Elle fut guérie d'une habitude tellement enracinée qu'elle s'y livrait même dans le monde.

Voici le résumé d'une observation analogue présentée par M. Bernheim dans la même séance.

« Un enfant de huit ans s'abandonnait depuis trois ans aux pratiques solitaires, cédant à l'exemple d'un camarade plus âgé qui lui avait appris la chose. Il s'y livrait plusieurs fois par nuit et par jour. Il était intelligent, laborieux, docile, sans antécédents nerveux héréditaires. La médication bromurée, l'intimidation, les menaces furent essàyées en vain. Cependant l'enfant avait conscience de la nature vicieuse de son habitude, et désirait guérir sans avoir la force de résister à l'impulsion. Dès la première séance, il est mis en sommeil profond avec amnésie au réveil; on lui suggère qu'il n'aura plus jamais l'idée de se toucher ni le jour, ni pendant le sommeil de la nuit; qu'il sera désormais assez fort pour résister à toute tentation.

« La suggestion hypnotique est répétée plusieurs jours de suite. Dès les premières séances, l'enfant a été guéri; il n'a plus eu l'idée de se toucher. En même temps la santé s'améliore; il prend un embonpoint rapide. Depuis plusieurs mois, la guérison ne s'est pas démentie. »

Mais M. Bernheim fait judicieusement observer qu'on n'obtient pas toujours un résultat aussi rapide et qu'il lui est arrivé d'assister à des rechutes. Des enfants, débarrrassés de leur habitude vicieuse tant qu'ils sont sous l'influence du médecin hypnotiseur, ne tardent pas à y succomber de nouveau aussitôt qu'ils en sont éloignés.

FIN.

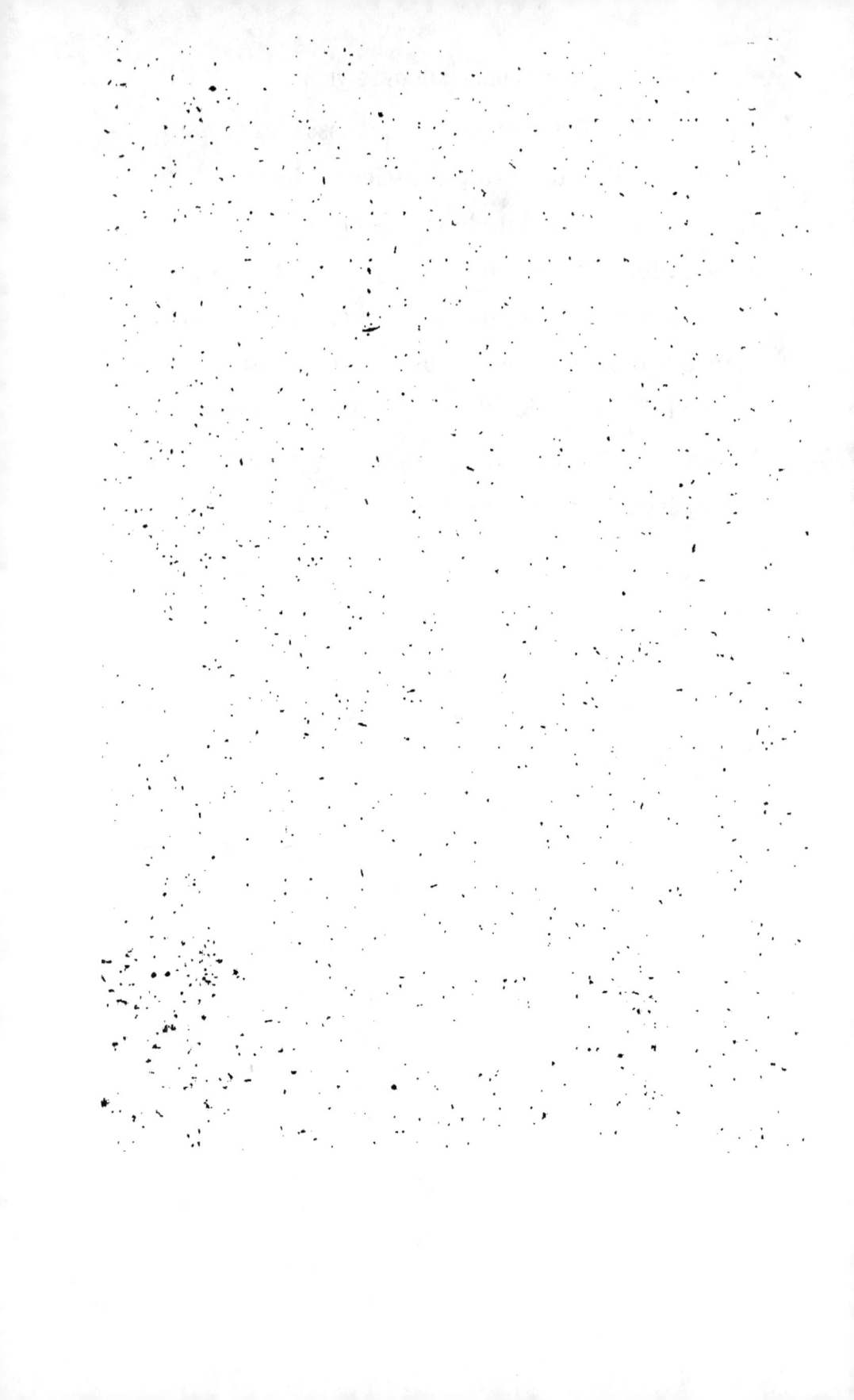

TABLE DES MATIÈRES

ALIX (E.). — L'esprit de nos bêtes. 1891, 1 vol. gr. in-. de 656 pages, avec 121 figures . . . . 12 fr.
— Cartonné. . . . . 15 fr.

ALLAMAN (C.). — Des aliénés criminels. 1891, gr. in-8, 183 pages . . . . 4 fr.

AUDRY (J.). — L'athétose double et les chorées chroniques de l'enfance, étude de pathologie nerveuse. 1 vol. in-8 de 411 p., avec 2 photogr. et 1 pl. . . . 10 fr.

AZAM. — Hypnotisme, double conscience et altérations de la personnalité. 1 vol. in-16, avec fig. 3 fr. 50.

BAILLARGER. — Des hallucinations. 1 vol. in-4, 214 pages. 5 fr.

BALL (B.). — La folie érotique. 1 vol. in-16 de 153 pages . . . . 2 fr.

BEAUNIS. — Le somnambulisme provoqué. 1 vol. in-16. . . . . 3 fr. 50.

BOUVERET (H.). — La Neurasthénie (épuisement nerveux). 1891, 1 vol. in-8, de 480 pages. . . . . 6 fr.

BOURRU et BUROT. — Les variations de la personnalité. 1 vol. in-16, avec 15 figures . . . . 3 fr. 50
— La suggestion mentale et l'action à distance des substances toxiques et médicamenteuses. 1 vol. in-16, avec 40 figures. . . . . 3 fr. 50

BREMOND (F.). — Les passions et la santé. 1 vol. in-16 de 160 pages (Petite Bibliothèque médicale). . . . . . . 2 fr.

CULLERRE.. — La thérapeutique suggestive. 1 vol. in-16. . . . . 3 fr. 50.
— Magnétisme et hypnotisme. 3e édition, 1 vol. in-16, avec 28 figures . . . . 3 fr. 50
— Nervosisme et névroses. Hygiène des énervés et des névropathes. 1887, 1 vol. in-16 de 352 pages. . . . 3 fr. 50
— Les frontières de la folie. 1888, 1 vol. in-16 de 350 pages. 3 fr. 50
— Traité pratique des maladies mentales. 1889, 1 vol. in-18 jésus de 608 pages, avec figures . . . . 6 fr.

DORTEL (B. E.). L'anthropologie criminelle. 1891, 1 vol. gr. in-8 de 181 pages . . . . 4 fr.

DUCHESNEAU (G.). — Contribution à l'étude anatomique et clinique de l'Acromégalie et en particulier d'une forme amyotrophique de cette maladie. 1 vol. grand in-8 de 208 p. . . . . 5 fr.

FALRET (J.). — Les aliénés et les asiles d'aliénés. 1890, 1 vol. in-18 de 564 pages . . . . 8 fr.
— Études cliniques sur les maladies mentales et nerveuses. 1889, 1 vol. in-8 de 624 pages . . . . . 8 fr.

LIBRAIRIE J.-B. BAILLIÈRE ET FILS

FOVEAU DE COURMELLES. — **Les facultés mentales des animaux.** 1890, 1 vol. in-16 de 350 pages avec figures . . . . 3 fr. 50

FRANCOTTE. — **L'anthropologie criminelle.** 1 vol. in-16 avec figures. . . . . 3 fr. 50

GUMIBAIL. — **Les morphinomanes.** 1 vol. in-18 jésus . . . . 3 fr. 50

HERZEN. — **Le cerveau et l'activité cérébrale.** 1 vol. in-16. 3 fr. 50

KUSSMAUL. — **Les troubles de la parole.** 1 vol. in-8 de xvi-375 pages. . . . . 7 fr.

LEGRAND DU SAULLE. — **Les hystériques,** état physique, état mental, actes insolites, délicteux, criminels. 2ᵉ *édition,* 1891, 1 vol. in-8 de 625 pages . . . . 8 fr.

LELUT. — **Le génie, la raison et la folie** 1 vol. in-16. . . . . 3 fr. 50

— **L'amulette de Pascal** pour servir à l'histoire des hallucinations. 1 vol. in-8 . . . . 6 fr.

LUYS. — **Les émotions chez les hypnotiques.** 1 vol. in-16, avec 28 planches. . . . . 3 fr. 50

MARVAUD. — **Le sommeil et l'insomnie.** 1 vol. in-8, 137 pages. . . . . 3 fr. 50

MICHEA. — **Des hallucinations.** 1 vol. in-4 . . . 1 fr.

NOGIER. — **L'éducation des facultés mentales.** 1891, 1 vol. in-16 de 173 pages . . . . 2 fr.

MOREAU (de Tours). — **Fous et bouffons.** 1 vol. in-16 . . . . 3 fr. 50

PLYTOFF (G.). — **Les sciences occultes.** 1891, 1 vol. de 320 pages, avec 145 figures. . . . . 3 fr. 50

— **La magie.** 1891, 1 vol. in-16 de 312 pages, avec 71 figures . . . . 3 fr. 50

REVEILLE-PARISE (J.-H.). — **Hygiène de l'esprit.** 1881, 1 vol. in-16 de 435 pages. . . . . 3 fr. 50

SIMON (MAX). — **Le monde des rêves.** 1 vol. in-16. 3 fr. 50

— **Les maladies de l'esprit,** 1 vol. in-16. . . . . 3 fr. 50

TUCKE (HACK). — **Le corps et l'esprit.** 1 vol. in-8 de 404 pages avec 2 planches. . . . . 6 fr.

VOISIN (AUG.). — **Traité de la paralysie générale des aliénés.** 1 vol. gr. in-8 de xvi-540 pages, avec 15 planches coloriées. . . . . 20 fr.

— **Leçons cliniques sur les maladies mentales et sur les maladies nerveuses.** 1 vol. in-8 de 756 pages, avec photographies et figures . . . . 15 fr.

ANGERS, IMP. A. BURDIN ET Cⁱᵉ, RUE GARNIER, 4.

ANGERS. — IMP. BURDIN ET Cie, 4, RUE GARNIER.

www.ingramcontent.com/pod-product-compliance
Lightning Source LLC
Chambersburg PA
CBHW050506270326
41927CB00009B/1926